U1013237

苏州市率先基本实现现代化干部读本

现代化进程中的常熟城乡发展一体化研究

XIANDAIHUA JINCHENGZHONG DE CHANGSHU CHENGXIANG FAZHAN YITIHUA YANJIU

唐晓　主编

古吴轩出版社

图书在版编目（CIP）数据

现代化进程中的常熟城乡发展一体化研究 / 唐晓主编. — 苏州 : 古吴轩出版社, 2014.1

（苏州市率先基本实现现代化干部读本）

ISBN 978-7-5546-0207-2

Ⅰ. ①现… Ⅱ. ①唐… Ⅲ. ①城乡一体化—研究—常熟市 Ⅳ. ①F299.275.33

中国版本图书馆CIP数据核字（2014）第003212号

责任编辑：洪　芳
装帧设计：韩桂丽
责任照排：杨晋蓉
责任校对：张　蕾
特约校对：白之黑

书　　名：现代化进程中的常熟城乡发展一体化研究
主　　编：唐晓
出版发行：古吴轩出版社
　　地址：苏州市十梓街458号　　邮编：215006
　　Http://www.guwuxuancbs.com　　E-mail:gwxcbs@126.com
　　电话：0512-65233679　　传真：0512-65220750
印　　刷：苏州日报印刷中心
开　　本：787×1092　1/16
印　　张：13.5
版　　次：2014年1月第1版　第1次印刷
书　　号：ISBN 978-7-5546-0207-2
定　　价：30.00元

如有印装质量问题，请与印刷厂联系。

《苏州市率先基本实现现代化干部读本》

编委会

主　任：李　杰

副主任：郭学文　周国平　赵　平　唐　晓　唐晓东

　　　　高红梅　龚金明　徐　枫　戴晓东

《现代化进程中的常熟城乡发展一体化研究》

编委会

主　编：唐　晓

副主编：杨建煜　周　军

成　员：（按姓氏笔画排序）

　　　　王丽萍　王文权　庄莉莉　沈　莉　邵　镭

　　　　陈云水　陆　宏　张晨洪　徐正挺　谢建刚

正确理解和把握现代化的动态性

实现现代化，是几代中国人的梦想。怀着对这一梦想的执着追求，中华儿女前赴后继英勇奋斗，终于在新中国取得了巨大成就，使得我们现在比历史上任何时候都更接近实现现代化的梦想。但是不可否认，为实现这一梦想而奋斗的过程充满了艰辛、困惑、曲折，由于缺乏现成的经验和冷静的思考我们也付出了不小的代价。因为现代化建设本来就是一个动态、渐进的过程，在前进道路上必然会遇到各种各样的困难和挑战，我们要充分认识现代化建设过程的艰巨性、曲折性，做好攻坚克难、长期奋斗的思想准备。

（一）

新中国的成立，使中华民族能够以独立的姿态屹立于世界民族之林，使得我们有条件以一个完整的国家形态开始现代化的进程。但是中国的独特的地理环境、历史积淀、政治制度、文化心理等因素又决定了我们不可能照搬西方的现代化之路。也就是说，西方人实现现代化的教训我们要吸取，西方人实现现代化的路径以及他们积累的经验我们同样需要进行理性的思考和认真的鉴别。我们需要在吸收的同时放弃一些西方的模式，我们需要创造自己的经验，开辟自己的道路。这就需要不断地探索、不断地试错、不断地完善我们的战略和各项措施。

早在1964年召开的第三届全国人大会议上，我国就首次提出现代化的目标，即“现代农业、现代工业、现代国防和现代科学技术”的“四化”。1987年4月，邓小平同志提出我国现代化建设的“三步走”发展战略，提出到21世纪中叶，基本实现现代化。2000年10月，党的十五届五中全会宣布，我国已经进入全面建设小康社会、加快推进社会主义现代化的新的发展阶段。党的十六大把现代化建设的第三步战略目标分成两个阶段，即前20年全面建设小康社会；后30年，也就是到本世纪中叶基本实现现代化。党的十七大部署了全面建设小康社会各项战略，为到本世纪中叶基本实现现代化打好坚实的基础。党的十八大进一步明确，我国要在建党100周年时实现全面小康，到建国100周年时建成富强民主文明和谐的社会主义现代化国家。虽然我国到本世纪中叶实现现代化的目标没变，但是在现代化建设的进程当中一直没有停止探索，在现代化的理念、内容、途径上不断深化、丰富、与时俱进，对现代化规律的把握更加科学和全面。中国共产党对中国现代化道路的探索过程，充分体现出现代化是一个客观存在的动态的过程。

（二）

现代化的动态性反映在区域的发展上就体现为它的不平衡性。中国不可能各省市、各地区整齐划一地走进现代化，需要有条件的地方率先基本实现现代化。率先，是指这些省市和地区要发挥自身的优势，在现代化建设中先行一步，以便及早发现现代化进程中的新问题、新要求，及早总结出现代化的新途径、新经验和“新”的教训，为全国的现代化探路。基本，是指各省市、各地区的现代化都是整个国家现代化的一个部分，他们可以在基本指标上率先达到现代化的部分要求，但是在政治、文化、法律、经济制度等方面又不可能脱离国家的基本状态而独立地存在。所以现代化在部分地区的先行先试必然是“率先”和“基本”的现代化。

江苏省和苏州的“率先”和“基本”实现现代化之路集中反映出现代化的动态性、长期性和艰巨性。1995年通过的江苏省国民经济社会发展第九个五年计划和2010年远景目标的《建议》和《纲要》，明确了江苏省跨世纪的奋斗目标，提出到2000年全省全面实现小康，部分地区初步实现现代化。到2010年，全省基本实现现代化。作为有条件的“部分地区”，苏州响应省委、省政府号召，在制定的“九五”计划《纲要》中提出2000年的目标是实现“基本现代化”，2010年实现现代化。当然，这时的现代化仍然是“基本的”。

2002年党的十六大要求：“有条件的地方可以发展得更快一些，在全面建设小康社会基础上，率先基本实现现代化。”2003年7月，江苏省委十届五次全会确定2010年左右在全省总体上实现全面小康，2020年左右总体上基本实现现代化的目标，明确提出“两个率先”口号，并以苏州昆山为样本，制定了包括经济发展、生活水平、社会发展、生态环境4大类18项25个全面小康指标体系，明确要求苏州争当全省“两个率先”的先行军。2003年9月，苏州市委作出了争当全省“两个率先”先行军的决定，并参照江苏省定指标体系设定了苏州实现“两个率先”的指标体系，确定了10项核心任务。苏州全市于2005年底率先达到省定小康指标要求。

2010年底，江苏以省为单位整体上达到省定小康指标，开始筹划从第一个“率先”迈向第二个“率先”新的征途。2011年初，江苏省两会上正式提出“十二五”期间，苏南等有条件的地方率先基本实现现代化。2011年11月，省第十二次党代会讨论通过江苏基本实现现代化指标体系，正式开启了基本现代化的新征程：到2015年，全省以县为单位达到省定全面小康指标，全面建成体现党的十七大要求、惠及全省人民的更高水平小康社会，苏南等有条件的地方在巩固全面小康成果基础上率先基本实现现代化；再经过五年的努力，到2020年全省基本实现现代化，总体上达到中等发达国家水平。2011年，苏州市第十一次党代会明确到“十二五”期末也就是2015年率先基本实现现代化的发展目标。

2013年5月经国务院同意，国家发改委正式印发《苏南现代化建设示范区规划》，标志着中国第一个以现代化建设为主题的区域规划正式颁布实施。规划明确，江苏苏南地区包括南京、无锡、常州、苏州和镇江五市到2020年建成全国现代化建设示范区，到2030年全面实现区域现代化、经济发展和社会事业达到主要发达国家水平的目标。规划对各城市作了分工和定位，规定苏州市要发挥历史文化底蕴深厚、科技创新资源集聚、体制机制完善的优势和苏州工业园先行先试的引领作用，建设全国重要的先进制造业和现代服务业基地、国际文化旅游胜地和创新创业宜居城市。

从1995年到2013年，江苏省委、苏州市委对现代化、基本实现现代化、率先基本实现现代化的认识是一个不断再认识、不断否定之否定的螺旋式上升的过程，其指标体系不断充实、不断完善、针对性和可行性不断提高，其实践过程也随着国内外形势的变化有所修正、有所侧重、有所改善，总体上与现代化建设的趋势保持一致。应该说，无论是领导干部还是一般干部，无论是理论宣传者还是普通群众，对现代化建设过程中这一客观存在的动态性都有切身的体会。

（三）

《苏南现代化示范区规划》的发布，标志着江苏省、苏南地区和苏州市对现代化的认识达到了一个新的阶段。但是，我们对现代化的探索永远也不会停止。因为现代化作为一个动态的概念，正如苏州大学夏永祥教授所说，“她的本质是‘先进化’，而先进和落后的比较，其标准又是不断演变与提高的”。哪怕到某一天我们基本实现或实现了现代化，由于时代在发展，更高水平的现代化要求和新的形势发展仍然需要人类去研究、去探索、去实践。

正确理解了现代化的动态性，我们就能够正确面对以往我们在探索现代化过程中出现的曲折、困惑和挫折，不会因此去轻易否定我们以前的工作。《论语》上说“取乎其上，得乎其中；取乎其中，得乎其下；取乎其下，则无所得矣”。要认识到正是江苏省、苏州市牢牢高举现代化这面大旗，思想上坚持高目标，行动上坚持高标准，才使我们的各项工作与现代化的要求更趋一致，取得今天傲人的成绩；正确理解了现代化的动态性，能使我们对今后发展的长期性、艰巨性和不确定性有更充分、更清醒的准备。在向现代化目标前进的路上，我们会登上很多山峰，此时我们不必忙着庆祝，我们每到达一座山峰，都需要冷静地登高远望，需要更好地观察、研究自身的处境和面临的形势，需要逐步积累现代化建设的经验，探索更多更全面的现代化建设规律；正确理解了现代化的动态性，就能够让我们的干部把现代化建设事业作为一项长期奋斗的事业来干，坚定信念，百折不挠。正如今年5月江苏省委书记罗志军在苏南现代化建设示范区工作会议指出的那样，要清醒看到全面小康和现代化建设的长期性艰巨性，要有“功成不必在我”的开阔胸襟，一任接着一任干，把奋发进取精神和求真务实态度结合起来，积小胜为大胜，推动实践不断有所发展、有所创造、有所突破。

正确把握现代化的动态性，需要苏州广大干部群众勇于继承过去面向未来，敢于鼓起干劲承担责任，善于培养理性的态度和科学的精神。改革开放以来，苏州先后抓住农村改革、乡镇企业发展、浦东开发开放和建设全面小康社会等重大历史机遇，实现了经济社会发展的大跨越，完全有条件、有责任当好“两个率先”的先行军和排头兵。这是建立在苏州改革开放30多年来所取得的成绩和所积累的经验基础上的自信，是勇于承担中央、江苏省对苏州殷切期望和积极回应全市人民过上美好幸福生活期盼的自觉。习近平总书记曾指出，“像昆山这样的地方，包括苏州，现代化应该是一个可以去勾画的目标”。在建设苏南现代化示范区的新征程中，苏州理应责无旁贷地走在最前列，理应满怀信心地当好排头兵，加快推进经济转型升级、创新发展模式、提升发展质量，在更高层次上推进科学发展，在“怎样建设现代化”上探索新路子，在“建设什么样的现代化”上展现新形象，在苏南五市整体推进现代化的过程中，始终走在发展的最前列，以过硬成果谱写好“中国梦”的苏州篇章，为全国实现“两个百年”目标贡献苏州的智慧和力量。

2013年9月26日

目 录

第一篇　优化城乡发展一体化规划

摘要：常熟市城乡发展一体化已进入纵深推进、攻坚突破、整体提升的新阶段，进一步改革深化离不开规划建设和管理水平的提高。贯彻科学发展观的要求，就要进一步完善城乡规划体系，远近结合增强规划可操作性，狠抓规划制度和管理创新，合理规划用地及产业布局，提升集聚效益，实现城乡协调共进、可持续发展。

常熟位于长三角核心地带，市域面积1276平方公里，全境东西间最长距离49千米，南北间最长距离37千米；常住人口106万，居住6个月以上外来人口81万，实际超过100万，一般居住在常熟161万人。常熟是一座山水城融为一体的国家历史文化名城，也是长江沿岸新兴的港口工业城市；这里物华天宝、人杰地灵，以其悠久的人文历史、秀丽的山川景色、丰饶的物产资源享誉江南，素有“鱼米之乡”的美称，是全国县域经济最发达的地区之一。

改革开放30多年来，常熟综合实力显著提升，城市面貌显著变化，人民生活显著改善，不仅取得了全面建设小康社会的巨大成就，而且奠定了推进基本现代化建设的坚实基础。特别是近些年来，常熟市上下认真贯彻中央和省委决策部署，科学谋划、先行先试、重点突破、整体推进，城乡一体化改革发展迈出了实质性步伐，已经鲜明确立城乡一体发展导向，全面形成城乡一体推进机制，基本建立城乡一体政策，全面实现了城乡发展规划、基础设施、公共服务、就业保障、社会文明等“五个对接”。2012年地区生产总值1885亿元，增长10.2%，城乡居民收入保持较快增长，城镇居民人均可支配收入40297元，农民人均纯收入19675元，分别增长15%和13.8%；盘活存量土地6447亩，有效缓解建设用地供需矛盾。全面实现了城乡统筹就业，城乡社会保障体系加快并轨，社会消费品零售总额、私家车保有量、居民储蓄余额、社会保障覆盖率等富民指标一直位居全省前列，全市社会事业协调发展，社会文明程度明显提高，民主法治进程不断推进，呈现出百姓安居乐业、社会和谐稳定的良好局面，有效地激活了城乡发展活力，给城乡居民带来实实在在的利益。

当然，随着社会经济形势以及改革开放的不断深化，常熟市的城乡发展一体化也面临着诸多新情况、新挑战和新机遇，如何进一步优化常熟城乡规划来推动经济社会的发展，促进城乡发展一体化，是具有重要的理论价值和实践意义的课题。

一、城乡一体化规划的基本理论

城乡关系历来是影响我国发展和稳定全局的战略性问题。早在新中国成立初期的《共同纲领》中就已经提及“城乡互助”的思想。但城乡关系的实质基本上是农业和农村支持工业和城市，“以乡促城”的方式也包括了改革开放前政府强制性“剪刀差”和改革开放后市场化“农村价值流失”等不同类型。新世纪以来，从2003年提出“统筹城乡”开始，2004年提出“两个普遍性倾向”的判断，2005年提出“建设社会主义新农村”要求，2007年党的十七大明确提出“建立以工促农，以城带乡长效机制，形成城乡经济社会发展一体化新格局”，标志着我国的城乡发展，真正进入到了国家战略主导下的城乡统筹协调发展新时期。2008年《城乡规划法》的颁布实施，推动新一轮城乡一体化规划的大量开展。党的十八大提出的“城乡发展一体化是解决‘三农’问题的根本途径”，明确了未来推动城乡发展一体化的基本方向和着力重点，“加快完善城乡发展一体化体制机制，着力在城乡规划、基础设施、公共服务等方面推进一体化”，努力形成以工促农、以城带乡、工农互惠、城乡一体的新型工农、城乡关系。

(一)城乡一体化的基本认识

马克思、恩格斯在19世纪就提出要消灭城乡差别，实现城乡融合。在《政治经济学批判》中，马克思指出："中世纪(日耳曼时代)是从乡村这个历史舞台出发的，然后，它进一步发展是在城市和乡村的对立中进行的；现代的历史是乡村城市化，而不像在古代那样，是城市乡村化。"恩格斯在《共产主义原理》中指出："乡村农业人口的分散和大城市工业人口集中只是工农业发展水平还不够高的表现，它只是进一步发展的障碍。"在《共产党宣言》中则明确提出："把农业同工业结合起来，促进城乡之间的差别逐步消灭。"恩格斯在《反杜林论》中则首次提出了"大工业在全国尽可能平衡的分布"、"配合城市和乡村"的论断。他们认为，在人类历史发展长河中，城市与农村必然要经历城乡依存、城乡分离和对立以及城乡融合三个阶段，并且通过新技术的应用，逐步消除城乡差别，最终实现城乡一体化发展。随后，英国社会活动家霍华德1898年提出"田园城市"的设想，倡导用城乡一体的新社会结构取代城乡分离的旧社会结构形态。美国城市理论家刘易斯·芒福德站在城市发展的立场指出："城与乡，不能截然分开；城与乡，同等重要；城与乡，应当有机结合在一起，如果问城市与乡村哪一个更重要的话，应当说自然环境比人工环境更重要。"其他如赖特的区域统一体、斯泰因的区域城市、麦基的城乡混合体、岸根卓郎的城乡融合系统及规划实践都对此做出了有益的探索。

我国20世纪80年代，城乡一体化的思想就开始在学者中得到讨论，并且在上海、宝鸡、苏南等地区得到一定的探索性实践。目前，城乡一体化总体上可以理解为：在生产力高度发达的基础上，城乡之间通过资源和生产要素的自由流动和优化配置，相互协作，优势互补，以城带乡，以乡促城，互为市场，互相服务，城乡经济、社会、文化和生态日益融合、持续趋优的动态发展过程。具体包含有三层含义：一是指城乡之间生产要素自由流动、公共资源均衡配置、基本公共服务均等化；二是指城乡居民平等参与现代化进程、共享改革发展成果、享有平等的社会地位、享有共同的政治权利；三是指城乡经济社会良性互动、协调发展、融合一体。从本质上讲，就是破除城乡分割和对立，谋求城市与乡村的共赢共生和协调发展，就是政府服务的均等，城乡功能的协调，要素市场的融合与发展成果的共享。

党的十八大提出把工业化、城市化、信息化、农业农村现代化有机整合起来，促进城乡二元经济结构向现代社会经济结构的转变，实现城乡一体化发展，着重解决棘手的“三农”问题。推进城乡发展一体化具有重要的现实意义，成为做好科学规划的内在动力：

首先，城乡一体化是解决“三农问题”的根本出路。“三农问题”从根本上看，是城乡“二元结构”长期积累的各种深层次矛盾的集中体现。虽然以往我国一直在探索解决“三农”问题的途径和办法，但由于在体制分割和政策等方面难以突破，尚未取得令人满意的成效。可以说，作为破除城乡二元结构，推进城乡经济社会全面、协调、可持续发展的城乡一体化，已经成为化解农村改革发展矛盾、破解“三农”难题的根本出路。

其次，城乡一体化是加快城市化发展的决定性因素。目前，城市化发展与城乡二元体制之间的矛盾越来越突出。由于城乡二元的经济社会结构，尤其是城乡二元制度尚未有实质性改变，所以农村人口向城市的流动受到阻碍，已经进入城市的农民工也只是处于“半城市化”状态，严重制约了城市化进程。不言而喻，城乡一体化的实现程度对城市化进程具有决定性影响。

再次，城乡一体化是缩小城乡差距的关键。一方面阻碍城乡要素自由流动的二元制度的破除，尤其是劳动力市场分割问题的解决，将为农民创造更多的平等的非农就业机会；另一方面，城乡之间的差距不仅反映在经济发展水平和居民收入方面，更反映在政府提供的基本公共服务方面，而城乡基本公共服务的均等化将有效地降低城乡实际差距。

最后，城乡一体化是扩大内需转变发展方式的助推器。城乡一体化在加快城市化进程的同时，不但可望创造的投资和消费需求蔚为壮观，而且基本公共服务的均等化会增强广大农村居民的经济安全感和消费预期，将发挥巨大的刺激消费、拉动消费需求的潜在作用。

（二）城乡一体化规划的理论

随着学界对城乡一体化的研究，我国城乡一体化规划作为新的规划品种应运而生。城乡一体化规划是各级政府职能部门以城市总体规划为基础，结合土地利用总体规划和其他专项规划，以协调城乡关系为目标的区域规划，旨在打破城乡分割的管理体制，协调城乡空间布局、地域职能以及各项建设，实现产业、经济、生态等各个方面的衔接，形成发展的长期战略导向、发挥综合调控功能，从而促进城乡经济社会全面可持续的发展。城乡一体化规划的作用主要是落实国家、省、市有关城乡统筹发展、新农村建设的方针政策，从城乡统筹的角度体现规划的公共政策属性。具体作用可概括为三个方面：一是指导城市和乡镇总体规划、区域性专项规划等下位规划的编制；二是统筹城乡发展中人口、用地、产业、空间、生态、基础设施、公共服务等一系列要素，解决发展中的矛盾和问题；三是对现有的各级各类规划进行整合、反馈与调整完善。

我国现代城市规划理论，是在借鉴西方规划理论的基础上发展起来的，因而，规划实践也不可避免地会受其影响。大体有以下基本内容：

1. **系统规划理论**

从系统论的角度来看，城市是复杂的有机整体，是不同区域位置的功能活动相互联系和作用的系统，城市内的各个部分是相互连接、互为依存的，而城市规划的本质就在于进行系统化的分析和控制。因此，系统规划理论将城市视为一个多种流动、相互关联，由经济和社会活动所组成的大系统，运用系统分析方法研究各要素的现状、发展变化与构成关系。因此，系统规划理论将重点放在功能活动、城市活力和变化上，并提出需要有更强适应性、更灵活的规划，此外，系统规划理论还认为，必须正视城市已然出现和可能发生的变化，将城市规划看作一个不断变化的持续关注、分析和干预过程，而不仅仅是为理想中的城市形态制定一个“一劳永逸”的物质空间形态蓝图。最早将系统论思想和方法引入到规划研究的是20世纪50年代末美国的“运输与土地使用”规划，该规划突破了传统物质空间规划对建筑空间形态的过分关注，而是将重点放在发展的过程和不同要素间的关系，以及整体与部分间的相互作用上。此后，系统规划理论逐渐成为城市规划专家在理论和实践上的自觉运用，他们倾向于采用综合预测、建立数学模型的方法，通过计算机来模拟城市系统的运行与变化，以便发现问题、解决问题。

2. **理性规划理论**

理性规划理论是20世纪下半叶以来西方规划理论中最具影响力的理论，目前仍然是指导我国城市建设的主要理论。其核心是强调用“科学”、“客观”的方法去认识和规划城市，认为规划是一个关于产生最好结果的方法。规划方法从比较静态发展到动态；规划的范围从土地利用，扩展到经济、社会、管理，乃至政治等领域；规划的深度向微观和宏观两个层次扩展；规划的空间范围也从城市扩展到区域，乃至国家；规划的时间维度也从过去的终极的发展蓝图模式发展到动态的实时监控的规划模式；并且建立了从地方到区域、中央的庞大的官方规划体系。随着综合规划权力和范围的扩张，规划逐步取代了市场对空间配置的作用。其代表人物是安德鲁斯·法卢迪，1973年，安德鲁斯·法卢迪出版《规划原理》一书，从而改变了过去将规划单纯作为一种“设计”的理念，将理性主义引入城市规划，并系统总结了有关规划研究、规划编制和规划决策等问题。现代理性规划理论的主要特点有三方面：一是依照程序行事，避免武断做出决定；二是连续性决策，每个过程都要进行选择；三是综合审视，而不是仅仅专注于某一个方面。理性规划由一系列循序渐进的程序组成，包括：①问题界定；②数据搜集和处理；③达成规划目标（代表公共利益）；④设计多种方案；⑤方案比较与选择；⑥具体规划实施；⑦监测和反馈。理性规划理论认为国家对社会发展应发挥重要的指导作用，政府与规划部门是社会公众利益的代表者，其基本出发点是：相信规划师有足够的技术能力预测和管理未来，规划师作为技术专家可以控制未来的发展，而且规划师有合法的理性代表社会公正来控制管理未来，我们可以通过确定公众的最佳利益来提高政府的作用。这一理论启发我们思考在城乡规划实践中重视居民整体需求层次及其心理行为对空间的要求，防止规划教条化、规划管理的人治化，以及经济、社会、公共政策等方面的内容必须真正地进入规划的核心领域。

3. **规划效能理论**

规划效能理论是关于决策过程中有关城市规划地位与功能评估的理论，特别是规划对决策者的影响，决策者包括政治家、投资者、各级政府部门以及社区组织，即所有对城市发展能够发挥政策性决定作用的个体或组织。规划效能理论最早始于荷兰的研究学者，20世纪60、70年代，系统规划和理性规划正逐步被市场导向型、根据项目变化而调节的实用主义规划方法所取代，由于参与过程的利益主体复杂，他们倾向于认为将规划的实现作为规划的评估标准是不切实际的。麦斯普提出，规划实施中的偏离并不意味着规划效能的不佳。因为出现规划的偏离可能有其正当的理由，特别是规划所包含的政策和建议是面对不确定的未来，而这也正是规划效能理论的前提和基础。2000年，弗劳迪提出四项基本的规划效能评价指标：①提供与规划政策一致的行动决策，以及明确的相关参考资料，表明规划的实现并非是偶然现象；②阐明在决定偏离规划时的各种考虑和理由，表明规划的偏离是经过谨慎考虑的；③规划能够为与其政策相抵触的某一具体决定提供结果分析的基础，因此使该决定仍然存在于规划的整体框架之中；④一旦偏离现象过于频繁，规划必须进行调整，原规划在新的规划完成之前，仍在发挥作用。总之，规划效能理论对于城乡一体化进程的规划具有重要的借鉴意义与参考价值。

当然，建构具有中国特色的现代城乡一体化规划理论任重道远，城乡规划是一门游走于自然科学和社会科学之间的交叉学科，其理论是不同理论不同程度的叠加，好在多年的规划实践给我们积累了良好的基础，我们要善于从城乡不同角度出发去分析运用，在不同的实践中灵活运用不同的理论，从而实现积淀、提炼、成熟。

二、常熟城乡一体化规划的发展进程

常熟规划城乡发展早在20世纪80年代伴随着苏南地区乡镇工业化的发展就已经提出并付诸实践，但在内容上，当时的规划主要解决的是乡镇工业发展所带来的城乡用地矛盾及空间利用“碎片化”问题，其着眼点仍然是城市。如：20世纪80年代提出“加快建设新城区、保护改造老城区、开发美化新景区”的建城方针；进入90年代，大力实施“以港兴市”的发展战略；21世纪初，又将“构筑五大发展新优势，把常熟建成全国县级市中规模最大、人气最旺、环境最美的城市”作为城建奋斗目标。每一次重大决策的出台和城市总体规划的修编，都使常熟城市规模得到快速扩张。当然在农村现代化建设方面，常熟市也有着一系列举措，在1987年9月就被国务院农村改革试验区办公室列为国家级农业现代化建设试验县，开展以“土地适度规模经营与农业现代化”为主题的试点工作；1994年9月通过国家验收。1996年9月常熟市又被列为国家级农村现代化试验基点县，着手开展以“农业现代化、农村工业化、乡村城镇化、服务社会化、农民知识化”为主要内容，创建一批各具现代特色、示范作用明显的现代化建设示范村。1998年蒋巷村、康博村、和甸村、福圩村、小山村、汤桥村、阳桥村、俞巷村、瞿巷村、元和村等被列为江苏省现代化建设示范村，到1999年全市农村现代化示范村、先行村已发展到60个，为常熟市村庄建设起到了榜样和示范作用。可以说这一时期，常熟市在推进城市化进程中，注意到城市发展与农村建设统一，努力创造公共均等、充分享受现代文明生活的新型城乡关系。

1. 常熟城乡一体化规划起步探索

进入21世纪以来，为打破城乡二元结构，从根本上解决“三农”问题，常熟市委、市政府围绕把常熟市建设成为现代化中等城市和中国名城的目标，统筹城乡经济和社会协调发展，提出了“以规划为龙头，以农村居民集中居住区建设为抓手，以政府扶持为激励，以改善农民生产生活条件为重点”的工作方针，促进城市基础设施向农村覆盖，促进城市文明向农村辐射。2003年常熟市启动农民集中居住区建设，力争通过12年左右的努力，把农村区域内的村庄，建设成为农村新社区，使全市人民共享现代文明。

2. 第一轮镇村布局规划编制

2005年12月31日中共中央、国务院颁发《关于推进社会主义新农村建设的若干意见》，首提新农村建设“生产发展、生活宽裕、乡风文明、村容整洁、管理民主”20字方针，常熟市按照上级统一部署与规划，以新农村建设为主线推进城乡一体化规划。根据江苏省人民政府办公厅印发的《关于做好全省镇村布局规划编制工作的通知》（苏政办发〔2005〕29号）、《推进全省镇村布局规划编制工作方案》和《江苏省镇村布局规划技术要点》等上级文件精神，常熟迅速组织实施规划工作，于2005年8月编制完成了全市10个建制镇的镇村布局规划，全市域规划形成665个农民集中居住点，每个集中居住点300—500户，占地1.8—3公顷，成为常熟市现代化新农村建设的重要依据之一。

2007年党的十七大把“城乡经济社会发展一体化”上升为国家战略。常熟开展新农村示范村建设，在规划、设计、建设和机制创新等方面先行探索，率先示范，树立了一批既有城市文明，又有农村特色，更有江南特色的社会主义新农村典型。

3. 修编规划推动城乡一体化建设全面实践

2008年1月1日起施行的《中华人民共和国城乡规划法》，对于加强城乡规划管理，协调城乡空间布局，改善人居环境，促进城乡经济社会全面协调可持续发展有了明确的规范约束。随之，常熟市开始了新一轮城市总体规划的修编工作，城乡一体化建设进入了全面实践阶段。国务院新农村发展改革研究中心确定常熟为改革发展联系点，韩俊任改革发展领导小组组长，时任市委副书记徐永达任办公室主任。这一阶段常熟市以破除城乡二元结构为目标，全面推进城乡一体化改革发展，呈现出强市与富民良性互动、经济与社会协调并进、城市与农村共同繁荣、环境与发展同步提升的良好局面。

2010年9月下旬，《常熟市城市总体规划（2010—2030）》通过专家论证，常熟市为确保各镇规划建设与之无缝对接，出台了关于开展各镇总体规划修编的实施意见，各镇总体规划修编工作也随之陆续展开，同时，按照《省政府办公厅关于加强城乡统筹规划工作的通知》要求，各镇在编制镇总体规划时，应专题研究、同步编制城乡统筹规划。另一方面，按照省政府及苏州市有关文件精神，为了推进城乡规划一体化，促进城乡全面协调可持续发展，苏州市作为江苏省城乡一体化综合配套改革试点城市，要求各镇着手开展编制城乡一体化发展综合配套改革规划，并制定三年实施计划。各镇在编制镇总体规划过程中，同步对产业发展规划、土地利用规划以及镇村布局规划加以考虑，具体由常熟市规划局负责技术指导，各镇负责组织规划编制，至2011年底，常熟市所有10个镇的镇总体规划（含城乡统筹规划）和城乡一体化发展综合配套改革镇村布局规划均完成了规划成果论证和成果报批工作。

4. 优化规划引领城乡发展一体化的改革深化

基于常熟市城乡一体化改革发展已进入纵深推进、攻坚突破、整体提升的新阶段，2013年3月25日常熟市委、市政府出台《关于全面深化改革提升城乡一体化发展水平的若干意见》，按照“十二五”规划的总体要求，为进一步全面提升城乡一体化发展水平，加快推进基本实现现代化进程，明确要强化规划引领作用，推进城镇建设、土地利用、产业发展、生态保护等“四规”融合，促进各项规划有机衔接，加快编制集镇区（办事处）控制性详规，优化城乡空间布局和形态面貌。

常熟未来将按照现代社区型、集中居住型、整治改造型、生态自然型、古村保护型五种形态，修编完善村庄布局规划；稳妥推进城镇化建设，加快农民市民化进程，推动一批经济发达镇逐步发展成现代新型小城市；注重保护常熟传统文化特色，加强规划布点村庄、特色古镇、古村落的改造和公共配套设施改造建设；扎实推进“三个集中”，目标到2015年，实现土地规模经营比重超过86%，工业企业集中度超过95%，农民集中居住率超过60%。

三、常熟城乡一体化规划的经验

近年来，常熟市规划编制重点贯彻落实科学发展观，按照农民“换股进城、换保进城、换房进城”和产业向园区集中、人口向城镇集中、土地向规模经营集中的“三集中”的总体思路，促进村庄集聚和土地等资源节约利用，促进农村基础设施和公共服务设施集约配置，促进整合农业生产和生态空间，促进城市化加快推进。具体形成以下经验：

（一）强调以城乡统筹为指导思想

在《常熟市城市总体规划（2010—2030）》中，城乡统筹规划是其中重要的组成部分。编制过程中，贯彻城乡统筹、合理布局、节约用地、集约发展的基本原则，坚持加快新型工业化与发展现代农业相结合，推进城市化和建设新农村相结合，转变生产方式与转变生活方式相结合，经济建设与社会建设、生态环境建设相结合，立足当前，兼顾长远，确保规划编制的高质量和高水平。一是规划与经济社会发展水平相匹配，与发展阶段相适应。在工业化高度发达的条件下，常熟市城乡统筹发展将更多体现在工业反哺农业、城市支持农村，缩小城乡收入水平、生活质量等方面的差距，目标是实现城乡同步现代化。二是高度重视城市和乡村的差异性，从内在机制探索城乡和谐发展的创新模式，寻求从被动相关走向主动互补协作的新型城乡关系，突出城市和乡村各自的产业格局、空间结构和景观特色。三是以规划调控城乡资源配置，与交通引导集聚和设施引导集聚有效结合，强化产业发展必须向园区集中，鼓励从事二、三产业的人口向城镇社区转移，以政府规划与市场配置共同引导和促进要素流动，提高城乡发展的效率和效益。

如常熟海虞镇，2010年完成了《常熟市海虞镇总体规划2010—2030》和《常熟市海虞镇城乡一体化镇村规划》的编制，于2011年年初分别完成了《常熟市海虞镇土地利用总体规划2010—2020》和《常熟市海虞镇产业布局规划》的修编，真正实现了"四规合一"。在编制过程中各项规划相互协调，形成"以一体化规划为创新、以镇总体规划为纲领、以产业布局规划为动力、以土地利用专项规划为保障"的全新规划理念。其中海虞镇城乡一体化规划以海虞镇总体规划的修编为契机，与海虞镇总体规划同步修编，其作为镇总体规划中城乡统筹的一部分不仅使镇总体规划更具有可操作性，同时也增强了镇总体规划的法定效力，对于规划体制来说是一个巨大的创新。

（二）有效提高城镇辐射功能

从城镇空间分布来看，在进行城乡一体化规划以前，常熟的城镇体系数量多，离散度大，最初有24个镇，城镇在地理空间分布上仍处于离散状态，使得城镇建设战线过长，城市规模效益得不到体现，而小城镇也上不了规模，难以形成足够的聚合效应，"城市之尾、农村之头"的桥梁作用也难以发挥，相反还会极大地增加城市化发展的成本；而小城镇过多，也会抑制城市对各类要素的集聚，弱化城市综合功能，阻碍城市化进程。2003年通过乡镇合并，将原有24个镇调整为12个镇；2004年，原虞山镇、大义镇合并设立新的虞山镇；2005年，原练塘镇和王庄镇合并设立尚湖镇。到2007年4月4日，常熟市辖镇共调整到10个，分别是：虞山镇、梅李镇、海虞镇、新港镇（今碧溪新区）、古里镇、沙家浜镇、支塘镇、董浜镇、尚湖镇、辛庄镇。城镇集中度提高，改善了以往布局分散的状况，为城市功能的发挥奠定基础，由此形成的规模效益与辐射效应也逐渐显现。

首先，表现在城镇规划建设水平得以有效提升、农民生活环境进一步改善，农村住宅置换商品房工作有序推动。如海虞镇资产经营公司出资注册成立了海虞城乡一体化建设有限公司，并完成对全镇安置地块启动区的选址、规划和方案设计。首个置换安置启动项目——建筑总面积8万㎡的海福新城1号地块一期已经完成。在小区功能性布置、户型选择、社区配套等各个方面也是充分考虑民俗和农民意愿，力求营造良好的生活环境。其次，创新用地制度，促进了产业转型升级。如海虞镇就出台了《关于深入开展农村建设用地整合的实施意见》的工作办法，创新集体土地使用政策，积极实行城乡建设用地增减挂钩，在“十二五”期间全面、系统地对闲置空关、产能过低、设施陈旧、污染环境、影响规划的各类村级集体建设用地实施收储。为促进产业结构转型升级，海虞镇组建了三个片区村级投资开发公司，以此为载体，积极开展优质三产物业的开发建设。最后，有利于科学定位，发展现代农业。按照产业布局规划，海虞镇依托农村资源优势和区位优势，创新思路，提升附加值，大力发展现代农业。已建成的海虞春天和汪桥村生态园等成为观光农业的典范。为加快推进城乡一体化建设，提升农业发展水平，海虞镇已开始了《农业发展规划》的编制，以此作为加强农业基础设施建设，加强农业服务体系建设，加快“现代农业规模化示范区”建设，推进高效农业规模化的依据。

（三）贯彻“两刚一柔”做好镇村布局

“两刚一柔”是指“坚持两个刚性，把握一个柔性”，即：按照“小城市”建设理念，推进集镇建设发展需要拆搬迁的，产业发展载体建设需要拆搬的，各类重大基础设施规划建设需要拆搬迁的，现代农业（万顷良田）建设需要拆搬迁的必须列入刚性非保留村庄；对近年来拆迁安置形成的独立式住宅区和新农村建设形成的集中居住区，对具有传统建筑风貌和历史文化价值的古村落，近年来已实施老村改造的以及村庄环境整治建成的二星级以上村庄应列入刚性保留村庄。其余的为柔性，由各地结合各自的经济社会发展需要科学合理把握。同时明确按现代社区型、集中居住型、整治改造型、生态自然型、古村保护型五种形态分类定位，列为现代社区型的有序安置至城乡一体化示范小区，其余的分类综合整治。各镇优先制订三年计划，全力配合政策的实施。对三年计划内的安置量要进行详细的测算，安置位置要落实到图。而在十年规划中，要考虑规划及实施工作的弹性，可以不安排具体的实施进度，但要确定置换区的位置，并对总量进行核算。要为农宅安置提供场所，也为城镇发展腾出空间。同时，建议不搞一刀切，充分研究特色村庄，保留常熟江南水乡的风貌；进一步研究城乡一体化之后的城镇空间形态，对安置区的容积率进行适当的调整。

海虞镇在此次城乡一体化规划中统筹考虑镇、社区与农村关系，编制了镇村体系规划。根据《常熟市海虞镇总体规划（2010—2030）》确定的城镇空间布局结构以及此次城乡一体化规划中的三区划定范围。至2020年，海虞镇形成“一镇、两区、多点”的镇村体系结构。“一镇”即海虞中心镇区，“两区”即福山、周行社区，“多点”即多个保留村庄。

同时，根据海虞镇“南居、北工、西农”的镇域空间布局和全镇各村的资源禀赋包括水土资源、产业资源、旅游资源等，编制了镇产业发展空间布局规划。产业发展空间布局规划明确了一、二、三产业的空间布局，不仅考虑了镇区的空间发展方向、发展规模，还非常注重保留农村特色，依托农村现有资源增强可持续发展能力。按照“区域化布局，集约化生产，规模化经营”的要求，在西部区域依托现有福山农场并结合置换区农田复垦，建设万亩良田工程，形成西部特色农业示范园，主要发展优质粮食基地、果品基地、花卉苗木生产基地、种子基地等。南部根据现有资源，依托中心镇区的辐射作用及靠近规划中沪通铁路和已有的204国道新线的区位优势，发展花卉苗木和观光农业。

（四）强化公共服务设施及基础设施配套

城乡统筹规划，公共服务设施及基础设施的配套是重点。基础设施是支撑和保障社会经济活动运行的基础性结构要素，它是社会赖以生存发展的一般物质条件。基础设施不仅包括交通运输、邮电通信和供电等生产性设施，还包括科技教育、医疗卫生、体育、文化、金融保险等社会公用设施和公共生活服务设施。基础设施作为区域社会经济持续发展的基础和保障，是城乡建设发展中一个必不可少的条件支撑，更是城乡各种网络要素进行流通的依托和保障。因此，要重点做好城乡交通、供水、供热、供电及垃圾处理厂、商贸市场、休闲广场、工业园区等基础设施建设，使之成为城乡一体化空间良性运作的有力支撑，并对空间优化起到促进与引导作用。

在新一轮镇总规修编及城乡一体化规划编制中，不仅考虑增加城镇的人口规模和居住用地，而且重视相应规模人口的公共配套。要为城镇居民提供完善的现代化的生活设施，享受到教育、医疗卫生、文化体育等一系列公共服务。在指导规划编制时，要求各镇对城镇各类设施用地确定合理的比例；对中小学及幼儿园等教育设施的配套，强调按照规划人口规模核定配套规模；商业配套的位置和规模要满足城镇居民的基本生活需求。随着老龄化社会的到来，还要考虑养老设施的建设。要求在镇总规层面进行细化联系城镇及各镇的区域性交通干道，道路的等级、走向、横断面的组成形式等等。2012年常熟市公共财政预算支出128.27亿元，比上年增长11.5%。其中，教育支出23.63亿元，增长19.3%；一般公共服务支出15.82亿元，增长14.0%；科学技术支出8.74亿元，增长48.7%；医疗卫生支出7.04亿元，增长34.4%；社会保障和就业支出6.80亿元，增长20.5%；交通运输支出4.27亿元，增长87.0%。全年城乡公共服务支出占财政支出的比重达74.6%。实施“养老工程三年行动计划”，推进“五保”老人集中供养新模式，年内新增各类养老机构床位数1983张，累计拥有8163张。铺设城乡污水收集主管网58公里，全面完成镇村生活污水处理设施建设三年行动计划，年末城市、镇区、农村生活污水处理率分别达97%、90%和60%。1230个村庄完成环境整治，建成星级康居乡村249个。关闭“六小一无”企业23家，新增实施清洁生产企业95家。单位GDP能耗下降4.53%。全年新增造林绿化覆盖面积12.5万亩，林木覆盖率达18.4%，城市建成区绿化覆盖率达45.1%。实施蓝天工程，形成PM2.5监测能力，空气质量优良天数比例达98.9%。环境质量综合指数97.27，集中式饮用水源地水质达标率100%。

（五）规划加强片区内部及片区之间的联系

为了整合市域发展空间，提高土地资源、生态资源等相关资源的利用效率，协调区域综合交通体系、大型基础设施、产业布局等方面的整合，实现集约紧凑的发展目标，规划引入片区发展理念，通过对各片区发展条件的深入评价，对各片区采取差异化的规模引导、产业引导等策略，并在此基础上研究各类产业的空间布局，进行经济指标和用地指标的分解，为制定合理、可行以及量化的政绩考核体制提供参考依据。以现行镇域行政范围为基础，结合城市总体发展目标与发展基础，将市域划分为“双城、三片区”。“双城”包括“一主、一副”。其中，“一主”指主城区，包括虞山镇、尚湖镇、沙家浜镇、海虞镇周师公路以南地区、梅李镇常合高速公路以南地区、古里镇常台高速公路以西地区（其中，尚湖镇与沙家浜镇作为次区域纳入评价体系）；“一副”指港区，包括碧溪新区和梅李镇常合高速公路以东地区。“三片区”分别指支董片区、海虞片区和辛庄片区。支董片区包括董浜镇、支塘镇和古里镇常台高速公路以东地区；海虞片区为海虞镇周师公路以北地区；辛庄片区为辛庄镇。

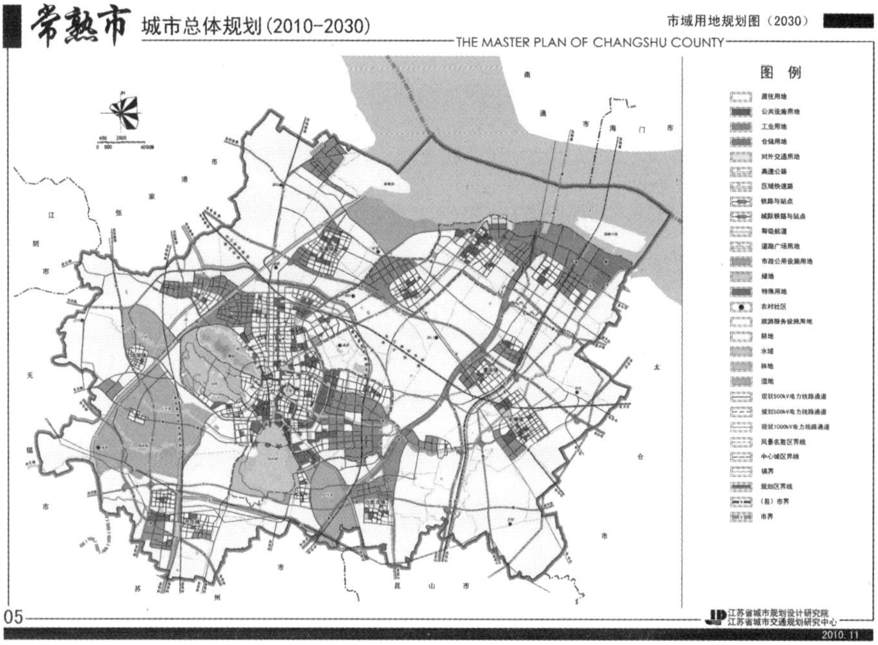

《常熟市城市总体规划（2010—2030）》规划构建“一城四片区”的空间结构，明确今后工作重点将重点打造中心城区，提高中心城区的集聚度；同时全力将港区、支董、海虞、辛庄四大片区打造为现代化小城市，促进农村人口向城镇转移。

（六）注重区域协调

瑞典经济学家冈纳·缪尔达尔的“累积性因果循环”理论认为，影响区域经济增长的主要有两个因素：回波效应和扩散效应。其中“回波效应”是指落后地区的劳动、资本、技术和资源等要素因受到发达地区较高收益率的吸引而向发达地区聚集的现象；“扩散效应”是指发达地区发展到一定的程度后，由于产生聚集不经济效应而使资本、技术等要素为了寻找更高的边际效应，而向周围落后地区扩散并带动其发展的现象。由于市场机制的作用，回波效应总是先于和大于扩散效应，发达地区在发展过程中不断积累对自己有利的因素，而落后地区则不断积累对自己不利的因素，会形成恶性的累积性因果循环，经济发展遭遇瓶颈。为完善提升常熟自身城市功能，提升自身发展能级，常熟在规划中既呼应长江三角洲地区规划空间布局，积极分担长三角区域发展目标功能，又辐射带动苏中、苏北，互动双赢。既注重对接沿海开发，依托、融入、服务上海，与苏州错位融合，又与周边的兄弟县市在市场拓展上进行分工协作，在基础设施上形成共享，在生态上实现共保。具体表现在：

依托长三角区域创新体系，提升自身产业层次，优先发展现代服务业、做强做优先进制造业、加快发展新兴产业、巩固提升传统产业，不断提高开放型经济水平；进一步完善长江三角洲交通通道建设，加快综合交通枢纽建设，提升常熟基础设施建设水平与服务能力。

在落实全省战略，特别是推进苏南现代化建设示范区建设中，常熟应义不容辞地担当重任。主要从产业带动、资源共享、旅游协作等方面进行互动。通过总部＋生产基地的模式，向苏北提供产业、技术支持的同时，既增加了自身产业结构优化的空间，也缓解了土地、能源、环境、劳动力等压力。既带动苏中、苏北经济社会发展，又不断提升壮大自身实力。

紧抓江苏沿海开发战略，依托常熟港区，积极发展新能源、汽车、新型装备、新材料等临港型产业，不断提升传统产业，大力发展现代纺织等产业，促进自身产业结构优化；加强与江苏沿海地区重大基础设施的协调与联系，抓住国家西部大开发和中部崛起战略深入实施的机遇，通过园区共建、产业梯度转移等，不断扩大辐射范围与发展腹地。

主动对接上海自由贸易区改革试点，依托上海的人才优势、国际性大都市的市场空间、国际产业和市场信息交流的重要平台，积极承接上海的资本、信息与技术转移，提升内生型的创新动力，发展高端的服务型经济，通过改善城市环境，努力吸引高端人才前来就业，以提升常熟的竞争力。南接苏州，通过产业互动，实现错位错层发展；与周边县市遵循环境共保原则，形成合力共同整治水环境；利用天然水域、林地、耕地等形成城市与城市、城市与地区间的生态过渡区，有效遏制城乡建设用地的快速无序扩张。

四、推进城乡发展一体化的相关规划建议

当前，常熟市明确了城乡一体化改革发展的总体要求：深入贯彻科学发展观，坚持“四化同步”发展道路，以改革促发展、以创新促转型、以政策惠民生，在城乡优化布局、农民持续增收、村庄环境整治、现代农业发展、公共服务提升等方面谋求新突破，努力把常熟建设成全省农业现代化建设示范区、城乡发展一体化先行区，为打造现代江南名城提供更加有力的支撑。常熟未来的城乡发展主要是在内涵质量上提升，如何从规划入手，着力推进常熟城乡统筹安排、资源集约配置、设施公平共享、经济持续发展、社会和谐进步，是贯彻科学发展、实现城乡发展一体化的重要内容。

（一）进一步完善城乡规划体系

建立在传统城乡发展二元结构上的规划管理制度，在规划编制上呈现出“重城轻乡”，城乡分立，重点在城镇，而城乡接合部被疏忽，农村地区规划缺失，管理较为薄弱。为了顺应经济社会发展转型，从“城乡分立”走向“城乡统筹”，城乡一体化规划中需要系统性面对城乡人口流动与管理、产业布局确定、发展方向定位性的预测、基础设施的需求量等诸多问题，与传统行政意义上的区域规划相比，其更具有活跃、动态、变动等因素。在规划的宏观安排上及战略的选择上必须进行总体上的科学合理部署，否则会造成发展滞后，甚至影响城镇化推进，对农村地域的推动不利。

首先，在城市总体规划编制完成之后，各镇总体规划、镇村布局规划也进行了修编，但产业布局规划、土地利用总体规划修编亟待同步。规划内容需要增强可操作性，如：避免远期将大多村庄撤并，近期规划所留村庄太少。要分片逐步推进规划建设用地的控制性详细规划，优化城镇用地布局与村庄布点规划，不断完善城乡一体化规划，加大城镇建设、土地利用、产业发展、生态保护规划的衔接和融合力度。

其次，通过规划引导和建设，进一步提高主城区与四个片区城镇的综合竞争力和吸引力，加强人口与资源集聚。由于行政体制的关系，各镇往往会各自为政，《常熟市城市总体规划（2010—2030）》引入了片区理念，规划构建

“一城四片区”的空间结构，使城市发展重点更为明确。如将梅李镇和碧溪新区、支塘镇和董浜镇分别划归为一个片区，通过合理确定片区级公共设施用地位置和加强镇之间道路交通联系，加强片区内部和片区之间的联系，在空间上引导碧溪新区和梅李镇、董浜镇和支塘镇相向发展；通过整合市域发展空间，提高土地资源、生态资源等相关资源的利用效率，协调区域综合交通体系、大型基础设施、产业布局等方面发展需求，实现集约紧凑的发展目标。

城镇本身规模较小，容纳重大项目的能力也相对较弱，一旦遇到适宜发展的重大项目，很难在土地供给、设施配套方面做出及时应对。为此，规划要预留有充分的弹性，增强灵活性，适应多变社会环境的要求，满足城镇长期发展的客观需要。如把按照基本农田保护预留建设用地空间、约束性指标与预期性指标的明确、设定城乡建设用地规模边界与扩展边界等，以及规划设计力求兼容多思维、多目标、多方案，从而在保持一定刚性的前提下具有适度弹性，增强规划对社会经济发展战略调整的适应性和引导性，防范各种风险和被动情况。

（二）提升城镇服务功能，打造现代化“小城市”

常熟是苏南地区公共设施配置相对发达的地区，从市域公共设施投资总量与人均指标来看，具有较高的配置水准，但是仍然存在着明显的城乡设施差距与乡镇差距。因此在市域范围内容易形成乡镇之间、建制镇与村庄之间在发展阶段、功能等级、要素集散等方面的差距，不利于实现地区之间、城乡之间公共服务设施的均等化布局。值得注意的是，规划中确定的重点中心镇与一般镇的竞争中并没有获得明显的优势地位，单纯平铺均衡又会造成城镇发展不够集约。规划确定的海虞、沙家浜和支塘三个重点中心镇规模并未实现预期的快速增长。在人口规模方面，沙家浜和支塘的人口规模年均增长率仅为1%左右，而古里、辛庄、董浜和尚湖作为一般镇却已经超过了现行总体规划预测的规划期末（2020）的人口规模。其原因一是由于各城镇相近的发展条件和同样迫切的发展需求，市域基础设施和公共设施的投入处于基本均衡的状态，形成了相对均衡、网络状的城镇发展状态；二是体现在对重点中心镇在土地和基础设施方面的投入和政策保障等方面仍然有所欠缺。需要政府在建设和财政转移支付方面充当好调节者的角色，依据总体规划有针对性地对城镇发展加以大力度的控制与引导。三是市域一些大型基础设施（公路、水、电）的建设投入反而促进了位于设施周边的乡镇的发展，客观上影响了中心镇建设。

因此，在城市总体规划及城镇总体规划编制过程中，要坚持把小城镇作为城乡一体化的重要载体，提升规划建设和管理水平，促进集镇规划与产业布局相衔接、基础设施建设与公共资源配置相同步、江南水乡特色与现代城市气息相融合，推动一批经济发达镇逐步发展成为功能齐全、适宜人居、富有活力、各具特色的现代化新型小城市。通过专业专项规划的编制，对文化、教育、医疗、体育、民政等社会事业设施，以及供电、供水、污水、雨水、防洪、燃气、环境卫生等基础设施开展专项研究，引导公共服务均等化基础设施一体化。通过不同层级的公共服务设施及基础设施配套，强化城镇的公共服务职能，提高城镇人口的吸引力与集聚力，发挥小城镇在吸纳人口、发展产业、集聚资源、活跃市场、公共服务等方面的积极作用，有序推进符合条件的农村转移人口市民化。

（三）推动小城镇与现代化新农村互促共进

十八大报告明确提出了新型城镇化，并对城镇化与工业化、城镇化与农业现代化的关系进行了规定，即“良性互动”、“相互协调”，“形成以工促农、以城带乡、工农互惠、城乡一体的新型工农、城乡关系”。新型城镇化重在立足城乡统筹，切实化解“三农”难题，实现人口城镇化与土地城镇化的互动并进，使城市基础设施和公共服务向农村延伸，城市的各种文明不断向农村扩散和辐射。新型城镇化与新农村建设在本质上是统一的，必须把“减少农民、致富农民”作为新型城镇化的战略重点，新型城镇化带动新农村建设，新农村建设助推新型城镇化，使得新农村建设的内在推力与新型城镇化的外在辐射扩散力相交互汇，加速离土农民市民化和留乡农民富裕化的进程，才能促成城乡一体化目标的实现。2009年底，常熟市域乡村人口约48.3万。目前规划至2015年乡村人口控制在40万人以内，至2020年乡村人口控制在36万人以内，至2030年乡村人口控制在32万人以内。

首先，大力推进土地规模经营，扎实开展“万顷良田”项目建设。遵循因地制宜、量力而行、效益最大化原则，通过土地利用总体等规划的编制完善，调控土地、资金与人力资源等要素来推进新型城镇化与新农村建设的协调互动，提高资源节约集约利用水平，不断优化城乡空间布局和形态面貌，为农村工业化、农业现代化、土地储备等工作留足空间。

其次，尊重农民意愿，注重实效。农民需求是推进新型城镇化与新农村建设协调的持续动力。深入了解农民需求，通过调查了解农户旧宅状况、近期修建新房计划、希望置换的房屋产权性质等信息，从农民群众最关心的实际问题入手，把解决农民群众最直接、最现实的利益问题作为着力点，把好事办好，为更加合理地规划设计农村社区奠定基础，给农民带来看得见的实惠，让更多农民转为市民，让更少的农民种更多的地，得到更多的收入，过上更好的生活。

（四）结合产业布局规划，以产业集聚促人口集聚

由于经历过乡镇企业、民营经济的蓬勃发展，常熟农民收入有工资性、经营性、财产性、转移性等多种收入来源，一产收入比重只有10%，生活相对富裕，目前拥有承包土地使用权的农民向城市迁移的主观意愿较弱；同时，随着生产要素成本的不断提高，常熟产业结构将逐步转向高级化、尖端化，原来以劳动密集型产业为主导的产业结构将转化为资本、技术密集型产业为主导，对劳动力需求的增长也会逐渐减弱。这些因素导致常熟城市化动力趋弱、进程趋缓态势。

常熟市的工业结构中，工业总产值纺织工业和轻工业等传统产业所占比重较大，两者几乎占到工业产值的半壁江山。但是，传统产业发展并没有形成规模效益。传统产业的高份额与低规模效益反而对常熟市工业发展的速度和质量产生一定的负面影响。

常熟目前主要产业园区有常熟经济开发区、常熟高新技术产业开发区和虞山高新技术产业园，已成为常熟经济发展的增长极。此外，各镇区还存在一定规模的产业空间，这些产业空间在原来乡镇企业的基础上发展起来，基本以传统纺织和制衣等产业为主，形成“一镇一品”的产业空间格局，全市工业产值中约有60%—70%出自乡镇。然而，常熟10个镇级工业集中区包含24块工业集中片区，其中仅4块超过10000亩。因此，这种产业空间分布形态某种程度上体现了空间的均衡性，但是分散的格局终究难以体现产业的空间集聚效

应，同时遍地开花的工业布局给基础设施与公共设施布局增加了难度和成本，也容易造成生态环境问题。

产业发展是城镇化的根本动力，产业结构的发展升级离不开区域空间扩展、城乡职能体系调整等城市化过程中诸多方面的支撑与拉动。常熟市域规划需要结合产业布局整体研究，综合考虑城镇人口的就业问题。要提升常熟城市经济发展的质量，需要以产业转型升级、优化结构为重点，大力发展先进制造业以及现代服务业，转变经济增长方式，优化三次产业结构，鼓励创新，使创新成为推动经济持续增长的强劲动力。按照“三集中”的空间发展策略合理调整优化城镇空间布局，有效实施“优化资源配置、盘活存量土地”工作，进一步鼓励新办企业向工业园区集中，引导农民向城镇集中、居民向社区集中，推进农业用地向规模经营集中，提高城镇公共设施和基础设施利用效率。同时，以城乡一体化综合配套改革为契机，结合城镇建设、基础设施建设以及万亩农田等产业区规划，进行适度的村庄撤并；加快城乡一体化示范小区建设进度，到2015年累计开工面积要超1000万平方米，入住农户超1万户，切实推动城镇化进程。

（五）加强生态与环境保护，扎实开展美丽村镇建设

芒福德认为城乡生存环境是一体的。城市、乡村都是一个生态系统，乡村生态系统是完善的，内部有完整的生产消费关系，而城市生态系统是不完善的，必须把乡村系统作为自己的“源”或者“库”。高度重视乡村生态在城乡一体化中的重要地位，真正把无序的点空间变成有序，变成相互关联的源空间、壑空间、渠空间的空间体系。

以生态优先理念作为基本原则，从生态隔离、自然景观保护等角度出发，结合城市可持续发展目标，考虑常熟市城镇扩展以及工业园区发展对建设用地的需求态势，将规划区范围内的用地划定为禁建区、限建区、已建区和适建区，并针对不同类型的用地提出管制要求和建设引导。其中禁建区面积约462.2平方公里，占市域总面积的36.6%。包括：饮用水源地一二级保护区、基本农田、湖泊水面和镇级及以上河道、风景名胜区特级保护区及一级保护区、历史文化资源等。进一步加强环境保护与污染治理，加大城市环境基础设施建设投入，建设完善的城市供气系统，垃圾收集、运输及无害化处理设施，绿化等等。

进一步改善城镇人居环境，提高城镇化质量。秉持村镇可持续发展的理念，以建设“基础设施完善、生态环境优良、特色风貌鲜明”的现代化新型城镇为目标，以旧村改造、生态文明、水乡风貌、乡村旅游等为特色，开展镇村环境集中整治，扎实推进美丽村镇建设工作。着力改善镇容镇貌，优先解决城镇居民反映最强烈、受益最直接以及影响镇容环境最突出的问题。加快完善设施配套，塑造城镇特色，健全公共服务，加强长效管理，提升城镇文化内涵，走出一条集约、智能、绿色、低碳的新农村示范道路。2013年8月常熟市成立美丽村镇建设领导小组，明确梅李镇和海虞镇以及支塘镇蒋巷村、碧溪新区浒东村、梅李镇天字村、虞山镇梦兰村、沙家浜镇红石村、海虞镇汪桥村、古里镇康博村、辛庄镇张港泾村、董浜镇天星村、虞山尚湖旅游度假区三峰村等两镇十村先行示范带动。建设中注重研究特色村庄，保留江南水乡的风貌；保护常熟传统文化特色，加强规划布点村庄、特色古镇、古村落的改造和公共配套设施改造建设，实现保护利用、产业发展、农村繁荣的有机统一。

（六）注重规划实施，创新制度与管理

城乡一体化规划，不仅是一门科学，更是一项社会实践活动和政府公共服务职能。城乡一体化规划的编制、实施、评价是一个动态变化的过程，需要以社会民意为基础，以科学方法为指导，在体现公共利益的前提下，充分履行各级政府社会服务、统筹城乡建设的政府职能。

首先，城乡一体化规划实施呼唤政府制度安排不断创新。城乡一体化进程中的诸多矛盾大多由于现有体制机制的不公平和新制度的缺失而造成的，推动城乡一体化规划，关键就是要突破体制机制因素所带来的城乡壁垒。常熟城乡发展一体化取得的成果，很大一部分功劳归属于机制体制的创新，如推出了“三集中、三置换”、土地流转制度、“三大合作”（社区股份合作、土地股份合作和农民专业合作）、生态补偿以及村企共建等制度。未来城乡一体化规划实施要想取得新成效，需要不断审视其制度的安排，不断调整体制机制来适应新的情况，解决新的问题。土地制度、财政制度、社会保障制度、农村社区管理制度等创新都是城乡一体化规划实施进程中值得深入研究的创新内容。

其次，城乡一体化规划实施需要得到公众的支持。一方面要做到以人为本。城乡一体化规划不应该仅仅成为规划师表现其规划技术的结果，而且应该是居民、企业、政府等利益攸关方利益博弈的结果。特别是镇村规划实施过程中，要想农民之所想，虑农民之所虑，采取具体的措施，消除农民的后顾之忧，要赢得农民主体支持。另一方面规划实施离不开公众参与管理。通过政府与公众的互动，以及借助网络媒体等渠道手段，让监督发挥作用。公众的参与可以使政府、各管理部门充分考虑、感受公众的权益，光靠政府和城管部门的管理行动不是长久之路，公众的参与可以使规划实施更规范，管理更有针对性。

最后，城乡一体化规划实施离不开有效的评估考核。长期以来，农村社会发展始终处于相对滞后状态，其中很重要的一个原因就是不完善、不科学的领导考核体系。如更多地看重GDP，过多地注重城市面貌和功能的提升，相同量的财政投入如果用于农村的发展，能够取得的成绩，在短时间内收效不大，容易造成重城市发展轻农村建设的局面。要推动政府领导班子工作，保障规划落到实处，必须因地制宜，制定灵活的领导考核机制。不仅要把管理绩效、城乡统筹、科学发展、群众基础、现代农业发展情况等与经济发展指标一起作为政府领导的考核标准，而且要根据城乡发展的现状，将规划所涉及的主要指标分解下达，列入政府领导的考核机制内，作为任期目标，实现规划实施的硬约束。

思考题：

1. 常熟城乡发展一体化规划的思路与经验对你有哪些启示和思考？

2. 通过规划引导实现小城镇与现代化新农村建设的互促共进，具有怎样的现实意义？

3. 如何从创新制度与管理入手，提升规划的科学编制和实施评估？

4. 城乡发展一体化规划中如何贯彻好生态优先的发展理念？

第二篇 不断探索现代农业发展路径

摘要：常熟，因“人勤地熟、年年丰收”而得名。近年来，针对现代农业发展的新情况、新问题，常熟人民进行了创新实践，收获了经济效益，积累了独特经验。为率先基本实现农业现代化，常熟将依托惠农政策和长三角区位优势，进一步借鉴先进经验，大力发展以科技引领、装备配套、管理先进为导向，集设施化、标准化、规模化、市场化为一体的现代农业，努力走出一条符合常熟实际的农业发展和农民致富之路。

常熟是典型的江南鱼米之乡。改革开放以来，在工业化、城镇化快速推进的同时，常熟坚持强化农业基础地位，探索工业化、信息化、城镇化、农业现代化同步发展路径，加快转变农业发展方式，优化农业产业布局，创新农业发展机制，着力构建以现代装备为基础、现代科技为支撑、现代经营为特征，劳动生产率高、土地产出率高、综合效益高的现代农业体系。多年来，不但综合经济实力位居全国百强县前列，而且现代农业发展取得骄人业绩，呈现出良田阡陌、稻香四溢的可喜景象，使江南农业文明在常熟得到延续弘扬。2012年，全市实现农业增加值37亿元，同比增长12%，粮食产量实现“九连增”，农业综合生产能力持续提升，常熟被列为全省农业现代化试点县（市），城乡既保持了鱼米之乡的田园风光，又呈现出和谐幸福的现代文明。

一、常熟发展现代农业的独特优势

（一）区位优势

常熟位于沪、苏、浙三省（市）交界处，处于最具经济活力的长三角和中国沿海经济带的中心位置，东邻太仓，距上海100千米；南接昆山、苏州；西连无锡、江阴；北濒长江黄金水道，与南通隔江相望；西北境与张家港接壤。交通便捷，高速公路与内河航运四通八达，区位优势非常明显。为农产品外销，农业招商引资，观光休闲农业的发展创造了得天独厚的“硬环境”条件。

随着经济全球化与农业国际化的不断深入，农业在更高程度和更大范围内融入世界经济体系，参与国际农业的分工与合作。长三角地区是我国融入全球经济一体化的核心区域，这为长三角农业参与国际分工、发展出口农业提供更为优越的条件和机遇。地处长三角中心地区的常熟农业，从产地环境、资源条件、产业基础和出口贸易等各个方面，都具备了建设外向型农业的必要条件。

伴随长三角区域经济一体化进程的明显加快，区域合作与交流也日益密切和广泛。上海作为长江三角洲经济实力最强的龙头城市，属区域经济扩散中心和产业布局中心，而随着城市的扩张和对外开放度的提高，城市人口和客流量也将大幅度增长，农用地面积将进一步缩减，使上海农副产品供应的对外依存度越来越高，为常熟农业提供了极为广阔的市场空间和进入机遇。常熟可以充分利用临近上海的优势，及时调整农业的发展战略，承接上海农业产业的梯度转移，及早实现农业发展的战略转型，取得领先发展优势。

（二）农业资源优势

常熟自然资源丰富。全市现有土地总面积1094平方千米，耕地面积58531公顷，其中水田面积44359公顷，旱地面积14172公顷。境内水网交织，各河流湖荡均属太湖水系，其分布呈以城区为轴心四向辐射状，东南较密，西北较疏。主要河流有望虞河、白茆塘、元和塘、盐铁塘、常浒河、张家港、耿泾塘等，湖泊有昆承湖、尚湖等。境内动植物和水产资源丰富，全市合计共有户籍人口106万人，农业人口58.4万人。为常熟现代农业的持续发展打下了良好的基础。常熟农业资源优势突出，全市气温适中，雨水丰沛，日照充足。全市目前种植水稻36万亩、小麦22万亩、油菜10万亩，常年蔬菜面积10万亩，季节性蔬菜9万亩，蔬菜复种45万亩次。同时，全市旅游资源丰富，具有古城观光旅游区、虞山国家森林公园旅游区、尚湖休闲度假旅游区、沙家浜红色旅游区、蒋巷村现代农业休闲观光基地、宝岩生态旅游区等，初步形成了以历史文化为依托，以山、湖、河为特色的大旅游格局，正在成为长三角地区大中城市特别是上海市民旅游休闲观光的“后花园”。

（三）产业基础优势

常熟境内可耕种农田基础设施配套良好，排灌渠系畅通，种植水稻、油菜、蔬菜和花卉等作物基本上可以做到旱涝保收，各类高中档设施农业面积已具有相当规模。经过多年的培育发展，常熟已形成蔬菜、瓜果、种源、油菜、花卉、水产等一批具有比较优势的产业，在省内及长三角地区具有一定的规模优势和知名度。常熟国家农业科技示范园区是国家批准的第一批（2001年9月）国家级农业科技园区，多年来园区在基础设施示范、农业科技攻关研发、成果转化与推广、农民农技培训方面取得了较好的成效，对常熟农业产业结构调整，促进农业增效、农民增收做出了贡献。带动了全市农业高新技术产业和相关产业的发展，并成为吸引国内外科研院校、企业和科技人员进军农业高新科技领域的高地。

（四）农村基础事业优势

积极开展农村富余劳动力就业技能培训，初步建立了城乡一体化的劳动力就业服务体系；全市农村最低生活保障户实现了应保尽保，处于全国前列，新型农村合作医疗保险基本覆盖乡镇、村；农村电网改造全面完成，实现城乡同网同价；农民文化生活条件得到改善，区域供水网络加快向农村延伸，公交班车已开通到各镇各村，实现了村村通公路目标；全市各镇相继创建为省级教育强镇，基本普及了15年教育，义务教育处于全省领先水平。

二、常熟现代农业发展的主要成就

目前常熟农、林、牧、渔业产值占农业总产值的比重为54.6%、2.5%、

13.7%、29.2%，林业、畜牧业、渔业产值占比较1949年上升了25.4个百分点。从农、林、牧、渔业占农业总产值的比重看，林业、畜牧业、渔业所占比重不断上升，反映出农业结构优化的明显趋势。随着改革的深入，农村二、三产业得到较快发展，农村经济成分呈现多元化。当前在农村社会总产值中，第一产业比重占1.4%，第二、三产业比重占98.6%。二、三产业的快速发展彻底打破了传统的农村经济形态，促进了农村产业结构调整，拓展了农民增收的空间。

常熟高效农（渔）业面积占54.8%，高效设施农（渔）业面积占14.8%，高标准农田占63%，农业综合机械化水平为91.6%，农业科技进步贡献率为70.8%，农业适度规模经营比重82%，参加专业合作经济组织农户比重99.3%，无公害农产品、绿色食品、有机食品认证面积比重78.23%，农业废弃物综合利用率99.6%，陆地森林覆盖率16.32%，农业产业化龙头企业年销售144.23亿元，持证（上岗证、资格证、合格证）农民占15.21%，农业信息服务覆盖率100%，市镇农业服务体系健全率95.8%，市镇两级拥有各类农技人员488名。综观全市农业现代化发展情况，对照江苏省农业现代化指标体系，全市的农业现代化率超过83%，已形成了良好的发展格局。

2012年，全市实现农业总产值62.7亿元、农业增加值37亿元，农民人均纯收入19467元。2013年3月，常熟积极探索"家庭农场"等现代农业经营形式的做法，得到李克强总理的充分肯定。总结常熟现代农业发展的成功实践，最根本的是走出了一条充分体现现代农业发展规律、充分发挥本地特色优势的常熟之路。

（一）确立农业战略地位，高起点建设现代农业

常熟围绕区域现代化建设产业布局，不断巩固农业重中之重的基础地位，统一思想认识，加强规划引领，扎实推进高标准高水平现代农业建设。

虽然农业占GDP比重不到2%，但小比例大贡献的重要性，在人们享用优质农产品、享有宜居生态环境、享受优秀农耕文化中，不断深入人心，区域现代化离不开农业现代化的共识日益凝聚，发展现代农业已成为全市上下的自觉行动。常熟把发展现代农业作为实现区域现代化的重要基础，坚守耕地红线，不失时机地加大农业投入，优化农业结构布局，不断提升农业保供增收能力，把"饭碗"牢牢端在自己手里。把发展现代农业作为"四化同步"的重要

内容，大力推进农业现代化，在缩小工农和城乡差距、推进城乡发展一体化上取得显著成效。常熟把发展现代农业作为转型升级的重要支撑，建设高效、规模、生态的现代农业，促进三次产业协调发展，为推进区域现代化奠定了坚实的产业基础，为经济社会转型提供了新的发展空间。

按照苏州市保护发展“四个百万亩”总体要求，常熟高起点整体规划农业发展，注重农业规划与城市总体规划、新一轮土地利用总体规划等的衔接，优化农业功能区布局和特色种养区域结构，全面提升现代农业产业园区建设水平，初步建成以国家农业科技园区为龙头，“一中心、二园区、多基地”的现代农业发展格局。“一个中心”，即以常熟农科所为核心区域的国家农业科技示范区，打造成为集科研、生产、示范推广、生态循环为一体的现代农业科技集成创新区；“两园区”，即提升董浜、沙家浜两个省级现代农（渔）业产业园区规划建设水平，加快形成5000亩蔬菜核心区、3000亩水产核心区，争取蔬菜园区年亩均产出达到2万元、水产园区年亩均产出超过1万元；“多基地”，即充分发挥各镇（区）资源和传统优势，全面建设“一镇一品”的现代农业产业基地。同时以现代农业产业园区和示范基地为重点，加强农业基础设施建设，重点扶持发展连片千亩以上的设施农业，建立完善功能齐全、长效管护的农田水利工程体系，全面提高农业综合生产能力、防灾减灾能力和可持续发展能力。建成一批优质粮油产业园区、特种水产产业园区、高效园艺产业园区。按照推进区域现代化的规划布局，建立起党政主要领导亲自抓、分管领导全力抓、市有关部门协力抓的现代农业发展领导体制和工作机制，2013年先后出台《进一步推进现代农业产业园区建设的实施意见》等6个强农惠农政策文件，切实加强对现代农业的组织领导和政策扶持。

常熟按照优质高效、生态安全的要求，积极构建现代农业产业体系，着力打造农业“升级版”。大力培育优势特色产业，推进粮食规模化、蔬菜设施化、水产标准化、畜禽养殖生态化、果品时令化生产，做精做大做强优质水稻、高效蔬菜、特种水产等五大主导产业。大力推动农业向产业链高端攀登，发展种苗农业、生物农业、农产品加工业，引导农业经济从数量型向高效型转变。2012年，高效农业面积占比超过50%、产值占比超过80%。大力推进农产品质量安全建设，加强无公害、绿色、有机食品基地建设，构建农药集中配送体系，引导科学、合理、安全使用农药，推进农产品标准化生产。2012年，全市拥有无公害农产品201只、绿色食品52只、有机食品2只。

（二）提升设施装备水平，大力度投资现代农业

常熟围绕工业反哺农业、城镇支持农村，持续加大农业基础设施和技术装备投入，积极引导社会力量投资现代农业，为现代农业发展提供了有力保障。

加大基础设施建设投入。“十一五”以来，常熟持续增加农业基础设施建设资金，累计投入12多亿元。着力推进高标准农田（鱼塘）建设，加快农田基础设施改造提升，全面提高农业综合生产能力、防灾减灾能力和可持续发展能力，建成高标准农田15万亩。着力推进水利现代化建设，投资水利基础设施建设超过6亿元，引导银行贷款投入10多亿元，完成常浒河、四条入江口河道等市级河道的综合整治工程，提高了水利防洪保安、水资源保障、水环境保护和服务民生的能力。着力推进现代农业配套设施建设，鼓励引导农户建设果蔬钢架大棚、防虫网等设施，加快农田灌溉泵站更新改造，加强机耕路、电网、库房、粮库、道路绿化等基础建设。

引导社会资本投资农业。常熟充分发挥市场机制作用，吸引和鼓励民资、工商资本、外资开发农业，仅工商资本累计投资农业超过54亿元、涉及项目近240个。采取以奖代补形式，鼓励农业龙头企业增加投入，进行项目扩建、技术改造和新品开发，以自建、合作、订单等形式发展原料基地，联结带动农户，推进农业产业化。采取财政贴息形式，鼓励农业银行、商业银行、村镇银行等金融机构创新金融产品，扩大对现代农业园区、农业产业化的信贷支持；支持金融保险部门调整完善农业保险产品，扩大农业政策性保险覆盖面。采取用电、用水、用地和税收等政策优惠形式，鼓励种养大户、农民专业合作组织、龙头企业，投资设施农业、精品农业和生态观光农业。

提升农业机械装备水平。常熟连续四年每年投入农机具购置补贴财政资金超过1000万元，在大力提高联合收割机、烘干机等粮食生产重点装备水平的基础上，还提高了蔬菜种植、水产和畜禽养殖等设施的机械化水平。根据现代农业发展的需要，大力推进农机化示范基地建设，扩大秸秆机械化全量还田技术集成应用，引进各类适用特色农机具，推进蔬菜、瓜果、苗木种植、鱼

虾养殖和农产品加工领域的机械化，拓宽农机作业领域。积极引进国外先进技术装备，大力推广和发展以物联网为平台的智能化农业设施装备。董浜现代农业产业园，引进以色列智能温室控制系统、自动灌溉系统以及蔬菜精量播种机等先进农机设备，打造集育苗、灌溉、生产和销售于一体的全新农业物联网，展现了现代高科技农业的崭新雏形。

（三）加强科技创新推广，高水平支撑现代农业

常熟围绕实施科技兴农战略，大力推进农业科技创新与推广工作，加快农业品种、技术、装备更新，为现代农业发展提供了强有力的科技支撑。

鼓励扶持农业科技自主创新。支持常熟国家农业科技园区发展，积极推进国家杂交水稻工程技术研究中心常熟分中心和常熟理工大学端木银熙水稻育种研究推广中心两大科技创新平台建设，打造以端木银熙为带头人的水稻育种团队。常熟累计投入13多亿元，先后育成“太湖粳系列”“常农粳系

被誉为“江苏袁隆平”的水稻育种专家端木银熙同志，先后获得“全国粮食生产先进工作者”、“全国粮食突出贡献科技人员”等荣誉称号，2011年12月被评为敬业奉献“中国好人”。自20世纪90年代开始，端木银熙主持承担30多项国家及省市农业科技重大攻关项目，先后有太湖粳系列、常农粳系列、常优系列等18个水稻新品种通过省级和国家级审定，仅常农粳5号一个品种的年推广面积就有100万到150万亩。整个常熟市农科所优质品种推广面积已经超过了1000万亩，占到了江苏水稻面积的三分之一。

列”“常优系列”等18个水稻新品种，在苏浙沪皖鄂五省（市）累计推广约5000万亩，取得巨大经济社会效益。鼓励农业科技型企业和合作社，加大农业科技创新与推广投入，发挥企业在农业科技创新中的主体作用。江苏田娘农业科技公司，依托南京农业大学组建有机类肥料工程技术中心，开展家畜粪便、秸秆快速发酵等技术研发，形成一批自主知识产权，包括发酵配方5个、有机肥料企业建设规范1套，在提升企业竞争力的同时，发挥了积极的科技示范带动作用。

促进产学研推科研合作转化。常熟积极创新产学研推合作形式，促进农业科技创新供需双方对接。近年来，成功举办三届农业科技成果洽谈会，吸引全国几十所涉农院校参加，现场展示400多项农业科技创新成果，签订农业科技合作协议40多项。充分利用“常熟国家大学科技园”“常熟国家高新技术创业服务中心”两大国家级科技创新平台，引进支持符合农业主导产业需求、具有一定科技含量、市场发展前景好的农业科技企业创新创业。围绕农业主导产业建设，先后聘请20位知名专家，建立水稻、蔬菜、花卉、农机、水产5个专家大院，加强专家与农技推广机构、龙头企业、科技示范基地的对接。大力推进农村科技超市建设，为农户提供便捷高效的科技服务，受到广大种养户的欢迎。

加强人才引进培养职业农民。常熟高度重视高素质农业科技创新人才和团队建设，坚持把人才引进培养作为推进现代农业发展的重要任务来抓。近几年，先后引进农业科技创新高素质人才和团队多个，孵化企业8家，毕业企业2家。同时，高度重视加强现代职业农民的培养，大力推进新型职业农民培育工程，对种养大户、农业合作组织、农业园区和企业的人员，以及愿意务农的初高中毕业生，加强农业创业就业、实用技术、经营管理等方面的培训，引导参训人员参加职业技能鉴定，不断扩大职业资格证书制度在农村的覆盖面，加快培养和造就有文化懂技术、会管理善经营的职业农民队伍。

（四）创新农业经营机制，市场化激活现代农业

常熟围绕适应农业农村发展新形势，不断深化农村改革，探索新型农业经营机制和形式，为现代农业发展注入新的活力。

依托集体经济探索发展村级合作农场。针对农业正处于“两次飞跃”关键期的客观实际，常熟抓住传统农业正向现代农业转变的战略机遇，着力在“统”的层面上加大探索力度，不断完善农村基本经营制度。鼓励农户土地承包经营权流转，尊重农民意愿，保护农民权益，推动农业分散经营向规模化专业化转变，支持家庭农场、农民土地股份合作社等新型经营主体发展。鼓励各类新型经营主体开展多形式联合合作，形成“公司＋专业合作社＋家庭农场”等经营管理新模式，探索人多地少发达地区新型农业经营体制。鼓励集体经济发展村级合作农场，提高农业经营“统”的层次，创新集体经济发展形式，在带领农民共同致富上迈出新步伐。目前，已申报的村级合作农场达31个，其中勤川合作农场等3个已挂牌运营，取得良好经营业绩。

建立生态补偿机制促进适度规模经营。进一步规范土地流转程序，加强土地流转有形市场建设，推进土地发包市场化竞标，对土地规模经营面积和流转期限进行区别化指导。建立土地流转的价格指导、价格协调和利益联结机制，农户在获得每亩不低于550斤稻谷折算价格的流转费外，还享受到土地股份合作社的二次分红，既维护了农民土地权益，又提高了土地流转的稳定性。2012年，全市建成土地股份合作社125个，入股土地达25万亩。为推进水稻规模化种植、产业化发展，保护水稻湿地，优化生态环境，对水稻产业化基地内土地流转、规模经营，给予每亩400元的生态保护调节补助，种植1亩水稻，农户可获得近700元的补贴，充分调动了农民保护和种植水稻的积极性。

实施品牌化战略推进农业现代市场营销。常熟坚持把品牌化战略作为现代农业发展的重要内容，注重培育特色农产品品牌，增强企业和合作组织品牌创建意识，重点打造“田娘”“乐百姓”“沙家浜”等一批农产品品牌，带动了特色农业、精品农业、品牌农业的发展。田娘农业科技有限公司，通过增加有机肥施用量，严格控制农药，低温烘干贮藏、优质包装等技术，确保稻米口感和观感，使“田娘”稻米市场价格每公斤超过20元，“田娘”稻米也由普通商品变为馈赠礼品。同时，大力推进农产品现代市场营销，拓展农产品现代流通业态，推动农超、农企、农社对接，倡导农产品“直供专销”，促进农产品生产、加工与消费者三方沟通交流，扩大农产品的市场知名度和美誉度，提升农产品的附加值，有效实现了企业增效、农民增收。

（五）健全社会服务体系，组织化保障现代农业

常熟围绕提高农业社会化组织服务程度，在强化农业公益性服务的同时，积极培育多元化社会服务主体，为现代农业发展提供积极高效的市场化综合服务。

支持发展经营性服务组织。常熟坚持以市场为导向，充分发挥合作经营性组织在技术、人才、管理和市场上的优势，增强其为现代农业服务的能力。支持农民专业合作社通过统一供种、统一农资、统一技术、统一品牌、统一销售等形式，为农户开展产前、产中、产后各环节服务。支持农机专业合作社为农户提供“一粒谷”到“一粒米”的全程机械化服务，为农机户提供技术指导和农机具管理服务。支持农村劳务合作社为农村各类经济合作组织及合作农场提供用工服务，有效缓解了合作组织和企业招工难问题，也为农村“5060”人群解决了就业难问题。

健全农技公益性服务组织。大力推进“五有”乡镇农技推广服务中心建设，组织农业专家、农技指导员与农业园区、农民专业合作组织、种养大户等开展对口服务，切实提高农技推广、动植物疫病防控、农产品质量安全等方面的服务能力。大力推进农业信息工程建设，充分利用“一信二网三电”信息服务平台，为各类经营主体开展科技、市场、法律、气象、金融等信息服务，提升农业信息化、自动化、智能化、远程化、标准化装备和操作水平。大力推进农产品质量安全监管队伍建设，建立健全农产品质量检测中心、监管站、快速检测室等监管网络体系，促进农产品标准化、绿色化、品牌化生产，有效确保了农产品质量安全。

培育引领产业化龙头企业。多年来，常熟每年安排农业龙头企业发展专项资金800万元，扶持培育产业关联度大、技术装备水平高、带动能力强的龙头企业发展，发挥好龙头企业对农业生产的组织服务作用。2012年，全市拥有产业化龙头企业60家，年销售额213.8亿元。海明园艺等龙头企业，通过合作化、标准化订单生产等形式，带动当地农业产业化发展。常客隆等龙头企业，积极发展农产品冷链物流配送，带动当地农产品冷链配送业务做大做强。苏州康赛德生物农业科技有限公司，是常熟农业科技创新中心成功孵化的农业科技企业，率先建成智能型、工厂化种养循环系统，成功养殖美国鲥

鱼、刀鱼等一批高附加值的商品鱼类，大大提升了养殖业科技水平，达到了扶持一家企业，振兴一个产业，致富一方农民的效果。

（六）拓展农业多元功能，内涵式发展现代农业

常熟围绕发挥好现代农业综合功能，在加强农业保供增收基础上，升华农业发展理念，拓展农业发展功能，尤其是农业生态和文化功能，为现代农业发展开辟了广阔前景。

强化农业生态功能。针对人多地少、资源环境压力大的市情，常熟始终高度重视生态环境保护工作，注重发挥农业生态环保功能，切实把水稻耕地面积保护放在科学发展的突出位置。目前，33万亩水稻人工湿地，在区域生态调节中发挥着越来越重要的作用，成为建设幸福常熟、美丽常熟、生态常熟的重要支撑，也成为苏州现代农业发展的一个亮点。同时，大力发展低碳循环农业，全市农业废弃物综合利用率达98.8%。推广生物防治和测土配方施肥技术，严格控制农业面源污染，科学划定禁养、限养、适度养殖区，控制和削减畜禽养殖排污总量，绿色、低碳、循环的现代农业生产方式不断发展，有力促进了人与自然、经济与环境的协调发展。

优化农业经济功能。现代农业的发展，不仅为人民群众提供了大量优质农产品，还提供了十分丰盛的精神产品。近几年来，常熟加快发展休闲观光农业，把优美的田园风光、水乡风貌，转化为推动农业农村持续发展、农民持续增收的宝贵资源。积极规划建设“一带、二圈、三点”为主的休闲观光农业板块，打造望虞河口至常浒河口的长江休闲观光带，虞山尚湖、宝岩生态园、农科所现代科技休闲观光园、尚湖生态农业园等三环路休闲观光圈，沙家浜湿地、旺桥生态园、海虞春天、佳盛花卉园等四环路休闲观光圈，以及蒋巷、金橡和福山三个乡村旅游重点。目前，全市已建成160多个休闲观光农业基地，年接待休闲观光游客1750万人次，累计实现经济收入22亿元。

发挥农业人文功能。按照在保护中开发、在开发中保护的要求，常熟积极寻找农耕文化、红色文化、民俗文化与现代农业的结合点，建成一批集农事体验、民俗展示、革命传统教育、现代农业科技展示于一体的农业文化园区，让人们体验和学习优秀传统文化、现代科学知识，有效保护和发展水乡特色、田园风光，为现代农业发展增添了一道道靓丽风景。沙家浜湿地生态园，发掘历史人文渊源，以特有的革命传奇和芦苇荡景观，打造红色文化、湿地文化。红石村民俗文化园，成为全国爱国主义教育示范基地、华东地区著名湿地公园。蒋巷村建设村史展览馆、江南农家民俗馆、农艺馆、农耕实践区，以1000多亩优质粮田为基地，发展新农村建设考察游、生态田园观光游、农耕文化体验游等，成为农耕文化、新农村建设教育实践基地，2011年被农业部评为中国十大最有魅力休闲乡村。

三、常熟现代农业发展的经验启示

常熟现代农业发展的成功实践，根本的在于：突出改革发展、科技创新导向，以国家农业科技园区为引领，新型职业农民为主要队伍，专业合作社、家庭农场、村级合作农场为经营主体，龙头加工企业为流通主渠道，不断发挥农业在经济社会发展中的综合效益，初步形成了农业现代化先导区的现实模样。“常熟之路”，给各地提供了有益启示。

（一）发展现代农业，必须把农业放在区域现代化建设总体布局中统筹安排

农业是人类的生存之本，是国民经济的基础。地处长三角核心腹地的常熟，在现代化建设的总体布局中，将现代农业与现代工业、现代科学技术和现代经济管理方法紧密结合，农业现代化与工业化、城镇化、信息化协调发展，农业文明与生态文明建设互动并进，取得了良好的发展成效。常熟的实践告诉我们，只有从战略高度充分重视现代农业的地位，在区域现代化进程中充分发挥现代农业的作用，在构建现代产业体系中着力发展现代农业，才能实现现代农业的高效发展，从而为改变农村面貌、促进经济持续增长、推进社会进步做出重要贡献。

（二）发展现代农业，必须坚持科技兴农战略，加快农业科技创新和推广步伐

科技是农业的重要支撑。世界农业大国，同时都是农业科技强国。常熟发展现代农业，一个重要举措就是依托国家级农业科技示范园区，着力构建具有准公共产品属性的农业科技创新服务体系，搭建全市农业科技研究、示

范、推广、培训和产业开发平台，有效增强现代农业发展的科技竞争力。常熟的实践告诉我们，只有顺应农业科技创新和推广服务体系的建设规律，加大政府财政投入和政策支持力度，才能弥补科技投资供需调节的市场失灵，扶持农业自主创新，低成本推广和扩散农业技术，提高农业的社会化专业化服务水平，从而全面提升科技对农业的贡献率。

（三）发展现代农业，必须重视农业经营制度创新，构建新型现代农业经营体系

农村生产关系的变革跟不上农业生产力的发展，会严重束缚农业现代化进程。常熟尊重基层的创新实践，鼓励耕地向种田大户、家庭农场适度集中，支持“公司＋家庭农场”的田娘农场发展。与此同时，积极探索农村土地股份合作，大力培育村级合作农场，寻求集体经济组织参与现代农业经营的有效形式。常熟的实践告诉我们，发展现代农业，应该允许多种模式共同探索，在实践中优胜劣汰；发展现代农业，必须因地制宜创新现代农业经营制度，从而有效提升农业规模化、集约化、产业化水平，同时又较好地保护农民的利益。

（四）发展现代农业，必须发挥好农业应有的经济功能、生态功能、人文功能

农业文明是人类的母体文明，其他一切文明都建立在农业文明基础之上，没有农业文明的发展是不可持续的发展。然而，在工业化时代，一些地方农业沦为边缘产业、弱质产业和高风险产业。位于世界级城市群中的常熟，着力构建现代农业体系，大力发展现代都市农业、休闲观光农业、生态旅游农业，让土地担负起致富农民、美化环境、传承文明的历史使命。常熟的实践告诉我们，进入生态文明时代，必须按照生态文明的崭新理念重构农业，充分挖掘农业的多元功能，让同一块土地既能承载农业文明，也能承载工业文明、都市文明和生态文明。

（五）发展现代农业，必须发挥强政府与强市场作用，加强规划引领、有序推进

农业分散经营，必然导致经营主体经济、技术力量薄弱和农业生产力低下。有鉴于此，常熟一方面注重发挥市场力量，加快土地经营权流转，引导农地向优势产业、农业经营主体集中，推广公司制农业组织形式，对农产品深加工以提高附加值，鼓励发展种子种苗、施肥用药、产品营销等社会化、专业化服务组织；另一方面，持续加大政府投入，科学规划逐步优化现代农业发展布局，着力推进农田基本建设，促进农业科技研发和农技队伍建设，加快农业信息化，加强农产品质量、安全标准及检验检测体系建设，支持村集体经济组织参与土地的规模经营。常熟的实践告诉我们，现代农业的发展，既要充分发挥市场在配置资源中的基础作用和价格发现功能，引导农业生产要素的优化配置，又要有效发挥政府在农业这个保障民生的准公共产业发展中的重要作用，科学谋划，主动作为，为现代农业的发展提供强有力的保障。

四、常熟现代农业发展的制约因素

当前，常熟现代农业建设虽然取得了很大成效，但与城乡一体化发展的目标要求还存在着一定的差距，与上级要求、群众期盼和先进地区相比仍有不小的差距。在推进现代农业发展中，也存在着一些突出的困难和矛盾。主要表现在以下几个方面：

（一）从思想认识上来看，农业在国民经济中的基础地位意识有待增强

由于农业在本地三产中所占的比重低，即使农业效益在现有基础上有较大幅度的增长，它在全市经济中的比重仍微不足道，因而导致对农业说起来重要、做起来次要。特别是各级政绩考核的GDP指标的压力客观上促使各级领导把主要精力放在二、三产业的发展上，实际尚未把农业的发展放在与其他产业同等重要的位置上。对于目前农业在我国国民经济中隐性存在的各种风险如粮食安全、食品安全等意识也不强。

（二）从资源配置来看，对农业的资金投入、人力投入尚不足

尽管常熟近年来对于农业的投入不断增长，特别是农业科技投入方面，同时也吸引外资和民资投入农业，但这种投入同现代农业发展的要求仍然不相适应。市财政对农业的投入略低于全省的平均水平，还有较大数量的农业个体种植、养殖户和经营户自身投入也很少，不少农户只是维持简单再生产的

水平。

就农业人力资源配置来看，存在着明显的弱质化现象。一是老龄化。现在农业劳动力大多是50岁以上的中老年人，几乎难见40岁以下的年轻人，年轻力壮的劳动者对种田不感兴趣，也不会种田。二是兼职化。在水稻种植区域，那些土地未经流转的农户，由于承包土地不多，又由于机耕、灌溉、收割的社会化服务，农活相对较少，他们一般都在企业或其他部门打工，农活只是他们的兼职劳动，多数人种田仅为了解决自己的口粮，因而他们不会把主要精力放在农业上，也不会注重农业科技的研究和应用。三是文化技术素质偏低。从事农业的劳动者文化普遍偏低，多数人在凭经验种地。尽管市、镇领导机关和相关部门加强了农业技术的培训和指导，但由于他们文化素质不高，对新技术难以理解和应用。农业一线缺乏既懂技术又会操作又善经营管理的人才，制约着现代农业效益的提高和可持续发展。

（三）从农业生产的角度来看，集约化程度偏低，发展还不平衡

毫无疑问，常熟创建国家级农业科技园区的成绩显著，各类农业示范区的势头很好，对全市农业发展起了很大的推动作用，但也要看到常熟农业发展的不平衡性。目前全市虽然已实现土地流转23万亩，但仅占全市现有承包土地的41%，承包大户的经营规模也不大，大多在100亩左右。一些离城镇偏远地区的农民因不能就近到企业打工而选择继续种田，而由于能力所限经营规模狭小；一些农民尽管已在企业就业，但由于工薪收入偏低且不稳定，所以还割舍不掉那几亩承包地和口粮地，他们种地仅满足于自给自足；有些年龄偏大、文化偏低的农民，因不能胜任二、三产业的工作，又因养老保障水平偏低，尽管年纪大了也不愿意让土地流转出去。农民承包地块的零碎化不利于耕作管理，也不能实现规模效益。农业集约化程度偏低，使得农产品的标准化生产难以普及，农产品质量监管难度加大，影响了农产品的竞争力，最终影响农业效益的提高。

（四）从流通环节来看，农产品市场化程度还不高

农业的集约化程度必然影响农产品的市场化程度，尤其是林、牧、渔产品。虽然常熟农业龙头企业在不断增加，农产品的名牌、品牌在不断创立，农产品的销售渠道在不断拓宽，但从总体上看，所占比重不是很高。品牌有待于进一步普及，沙家浜的螃蟹除了少数几个品牌外，多数是无牌产品。近年来大量的外地螃蟹在本地市场不加区分进行销售，使本地螃蟹的声誉受到影响。大量的个体种养户还在盲目地找市场，如董浜镇个体菜农的产品销售渠道取决于田头的收购商，农户基本上没有产品的定价权，许多蔬菜因受季节、气候和市场需求的影响，价格波动较大，多数菜农没有通过大棚种植合理安排茬口解决季节性过剩，以致一些蔬菜高产不多收。多数农产品作为初级产品出售，没有通过储藏、加工、包装、配送等方式延长产业链来提高附加值，因而从总体上看农业效益不高。

五、常熟现代农业发展的对策思路

今后常熟农业将围绕形成城乡经济社会发展一体化新格局的要求，以率先基本实现农业现代化为目标，坚持科学发展，积极发挥求真务实、开拓创新的精神，始终秉承重民意、惠民生的宗旨，切实转变农业发展方式，加快推进农业产业升级，积极走出一条具有常熟特色、富有改革活力的发展路子，为推进全市城乡统筹发展、实现经济转型升级、推动社会全面繁荣做出积极贡献。

（一）坚持城乡统筹理念引领现代农业

按照城乡一体化发展的目标要求，进一步强化生态生产生活生物“四生”功能定位，根据苏州“四个百万亩”产业布局，全面推进农业的“合作化、农场化、园区化”发展，着力发展以“绿色农业、生物农业、科技农业、市场农业”为主要标志的现代化农业，加快实现农业增长由主要依靠土地和劳动力要素投入向依靠科技和资本投入转变，农业生产由主要依赖自然生产向发展可控的设施生产转变，农业发展由注重农业的一产向注重农业的一产、二产、三产协调发展转变，农业功能由以农产品生产为主向生产、生活、生态功能并重转变。用现代产业理念引领现代农业发展，不断拓展现代农业的经济、社会、生态、旅游、休闲和文化功能。大力发展循环农业，重规划、重集约，以支塘镇蒋巷村等一批循环农业园区为示范，大力推广节约型农业技术，推进节地节水节肥节药等农业技术示范基地建设，扩大节地栽培、节水灌溉、配方施肥、精准用药等技术应用，实现农村面源污染全面降低；积极创新实用、高效的生态农作制度，实现改善品质、改良生态、提高产出的效果；以古里镇田娘公司等为示范，加大环保饲料推广应用，着力推进农作物秸秆、畜禽排泄物、农产品加工下脚料、农村生活污水等废弃物肥料化、饲料化、能源化利用途径和模式；强化循环农业发展的统筹规划，探索发展观光农园、农业公园、民俗观光村等新型观光农业，实现农村一、二、三产业有机联动，农业生产、生态、生活功能有机结合。基本建立起一个基础设施完善，生态环境优美，一、二、三产业融合发展，具有先进的科技水平、高效的组织方式、健全的服务体系，形成区域化、规模化、产业化、市场化生产格局的现代农业。

根据常熟农业的现实基础，选择具有发展空间和相对优势的产品、产业，重点加以扶持培育，扬长避短，走错位发展之路。一是加快改造传统产业。推进粮油产业向标准化、规模化、优质化方向发展；推进畜禽产业向规模化、集约化、生态化养殖发展。二是发展新兴特色产业。重点是以“增加设施、发展加工、扩大出口”为主攻方向，扶持种子种苗、无公害标准化生产、现代温室栽培等技术推广和采后保鲜以及速冻、脱水、腌渍等加工技术的开发，发展蔬菜产业；以“培育特色、提高单产、优化品质”为主攻方向扶持发展特种水产养殖业、加工流通业；以“优化布局、提高品质、打造品牌”为主攻方向，扶持发展特色水果业；以“扩大规模、提升档次”为主攻方向，扶持发展花卉苗木产业。三是大力培育种子种源产业。加大政府投入，依托常熟国家农业科技示范园区，进一步加强名特优新种质资源的保护和利用，提高自主研究与开发水平，加快新品种培育开发，改造一批加工设施，扩建一批种子仓储。出台相关政策，打破地域限制，推动现有种子公司的联合，组建成立大型的种业集团，扩大企业市场规模，提升经营能力。

（二）加快构建先进的现代农业产业体系

1. 突出“生态优美”

为城乡提供生态化的生产环境和生活环境。全面发展生态循环农业，推进土地节约型、能源节约型农业。加快“绿色常熟”建设，加快形成一大批形式多样、生态优美、功能配套的农业基地，赋予农业更加深厚的苏州文化气息。让城市居民流连忘返，让农民安于农村生活，让农业真正成为基础产业、不可替代产业和生命产业。继续加大资金投入，加快发展生态公益林、经济林，充分发挥林业在生态环境建设中的主体作用。继续完善覆盖全市的土肥检测体系，加强测土配方施肥技术服务，积极开展无公害新药的引进试验，实现化肥、农药、农膜等农业投入品的减量增效。深入开展耕地地力调查，建立健全数据库，指导农民根据地力情况进行适宜的耕作。加强农技部门的病虫害预测预报，推广农业综合防治技术等，提高防治效果，减少农药的使用量。逐步推行养殖业的准入制度，在农村建设规划中，划出专门的区块，划拨专项补助资金用于畜牧养殖小区建设，扩大禁养区和限养区范围，严格执行"三同时"制度，对不符合污染排放标准的严肃取缔。以财政支持的方式加强外荡渔业资源的增养放流，发展净水渔业，减轻水体的富营养化问题。推行渔业健康养殖模式，从优质种苗的选择、水质调控管理、鱼药安全使用、饲料科学投喂等方面入手，改进生产方式，保护养殖水域和周边环境。积极推广多样化生态种养模式，倡导和推广稻鸭共育、园地养鸡、林禽共育、种草养畜等高效生态养殖技术，在保护环境的情况下实现农业发展。

2．突出"产业融合"

加快构建种养业、农产品加工业、现代农业服务业协调和生产、生活、生态功能兼顾的现代农业产业体系，促进城乡生产要素有效流动，资源配置趋于合理，一、二、三产业融合发展，使农业"一产"种养业巩固发展，农业"二产"加工业全面提升，农业"三产"服务业，有效拓展。利用优越的区位和交通条件，建设集生产、贸易、储存、配送、检测于一体的大型综合性农产品物流中心，加快构建以综合性、区域性农产品物流中心为龙头，专业性市场和区域性交易市场为骨干，产地市场和销售网点为基础的农产品市场体系。在现有农产品市场的基础上，继续通过政府直接投资或引进其他资本参与农产品物流建设，不断增强农产品的流通能力。

引导农业龙头企业以注册商标和实施标准化生产为途径，以加大农产品品牌宣传力度为手段，提高产品质量，拓展产品销售，做大做强一批在市场中具有较强竞争力和影响力的品牌产品。鼓励企业实行跨所有制、跨部门、跨区域的资产重组，创建规模大、水平高、竞争力强的集团龙头公司。调整产业化扶持资金的支出渠道，集中有效资金，重点扶持和引导龙头企业加大科技投入，引进新工艺，开发新产品，增强企业核心竞争力。引导龙头企业通过入股参股、最低保护价收购、签订产销合同、适当返还利润等方式，与农户建立“风险共担、利益均沾”的联结机制，提高农产品市场化程度。鼓励农业龙头企业走出去，到外地建立优质农产品生产加工基地，发展跨区域的农业产业化经营，拓展资源和市场空间。选准一批外向型骨干农业龙头企业，从财政、信贷、自营出口、出口退税等方面加以重点扶持，帮助这些企业申领自营出口权证，加快技术改造，发展农产品精深加工，创立名牌产品，提高国际竞争力，成为发展外向型农业、招商引资的主体和带动农民调整结构，发展外向农业的主力军。

3．突出“现代营销”

加快建立现代农业营销模式，大力发展农产品精深加工业，组建农产品市场营销主体，加强农产品物流体系、储备体系建设，提高农业市场化营销水平，让农民更多地分享农产品加工流通环节的利润。首先，练好内功，提升产品竞争力、品牌影响力、质量公信力。现代农业效益取决于农产品对市场需求的满足程度。培育农产品加工流通科技企业，提高农产品附加值，增强市场竞争力；充分利用常熟丰富的名、特、优资源，加大农业品牌创建力度，新增培育一批优质特色农产品品牌，争取在名牌农产品创建上有新突破。同时，要注重提高农产品与食品的安全性，强化农产品质量安全监管，健全各级农产品质量安全监管体系，完善农产品安全检测网络，大力发展无公害农产品、绿色食品、有机食品，提高品牌农产品销售比重，把质量优势转化为市场优势和经济优势。其次，拓宽流通渠道。及时总结推广董浜镇里睦村与新合作常客隆挂钩对接经验，探索“超市＋合作社＋农户”的新型产销模式，通过优势互补，村企“双赢”来提升产业链的整合力度，不断完善农产品市场流通体系。

（三）全面形成现代的农业发展方式

围绕农业增效、农民增收和农村繁荣，在生产方式、经营机制方面求创新，求突破。

1．积极推进农业经营规模化

深化和完善农村土地流转制度改革，加快土地向种养大户集中、向合作经济组织集中、向农业保护区集中，推进农业适度规模经营。在“依法、自愿、有偿”的前提下，鼓励农民将土地经营权进行流转，提高土地使用效益，使农民能从土地上获得稳定的土地流转金。积极吸收工商资本投资农业，鼓励农民以土地入股。积极扶持组建土地中介服务组织，开展土地中介服务，促进土地集约经营，提高土地利用率和产出率。同时政府要加强土地流转的规范管理，确保农民能得到应有的收益。

2．积极推进生产要素股份化

农业要发挥规模优势，必须提高农业集约化、专业化程度。农业的弱质性和农民群体的特殊性、困难性，决定了合作社具有广阔的生存空间和发展潜力。要继续落实农村“三大合作”组织的相关扶持政策，规范运作，不断增强其发展实力和服务带动农户的能力，优化整合，资源重组，提高效益，推动合作社发展从量的扩张向质的提升转变，努力实现或提高分红，增强合作组织的吸引力，推动合作组织快速健康发展，提高抗风险能力。加大对农村合作组织的政策扶持，采取资金补助、税收优惠、信贷支持等政策，培育农业营销公司、农业经纪人组织等新经济组织，发展农业专业合作组织。引导农民专业合作组织坚持正确的办社方向，体现“民办、民管、民受益”的特点，指导合作社建立、完善内部管理制度和运行机制，使其正确处理好合作社与社员之间的利益分配关系，依法开展生产经营活动。制定政策制度，鼓励农技人员到合作组织内任职，并加强对合作社管理人员和从业人员的培训。深化土地股份合作制度改革，鼓励农民将土地承包经营权入股入社。积极培育各类农业生产、流通、服务专业合作组织，鼓励利用资金、技术、科技、服务等要素量化入股，在提升农业组织化程度的同时，提高农民的资本性收入。

3．积极推进经营主体市场化

增强农业生产基地、农业产业园区等的发展能力，注重市场运作，培育市场主体。积极探索“镇村合一”等行政管理体制改革，提高工作效率。积极开展农业机制创新，加快农业管理体制创新，全面提升现代农业管理水平。搭建农民投资创业的政府服务平台，通过优质的服务让投资者满意，让创业者放心。建设农民自主创业项目库，加紧研究制订分类项目导向。建设农民自主创业基地，积极探索与乡镇工业功能区“嫁接联姻”等行之有效的办法，着力解决农民自主创业场地、基础设施、关键技术等问题，以创业基地的建设推动形成农民自主创业“星火燎原”之势。加快改造提升现有市场，大力培育新兴市场，为农民参与产业协作配套创造更多的机会。鼓励引导农民兴办企业或经商，在“走出去”中拓展创业空间。培育各类农民经纪人队伍，发展新经济组织，提高农民创业的组织化程度。通过政府搭建的农民自主创业平台，在基础投入、信用担保、信息咨询、科技服务、法律保护等方面为农民创业提供支持和服务，降低农民创业门槛，鼓励农民兴办个体、私营企业，鼓励农民特别是经营管理能人和具有一技之长的农民大胆创业。

4．积极推进经营服务社会化

大力发展社会化服务，构建新型社会化服务组织，加快组建一批种子种苗、机插育秧、机械化作业、病虫草害综合防治等专业合作组织，为农业生产提供完善高效的专业化服务。加大产销合作力度，组建专业合作社、行业协会、农民经纪人队伍，大力发展“企业＋基地＋农户”、“协会＋农户＋市场”等多种模式，提高农业生产和进入市场的组织化程度、社会化服务水平。

（四）建立健全高效的现代农业服务机制

1．生产服务

完善农业基础设施建设。完备的农业基础设施建设是现代农业发展的前提，董浜万亩蔬菜基地节水灌溉远程监控技术的投入使用，是常熟加快发展现代高效农业的成功实践。以董浜万亩优质蔬菜示范基地、梅李海明千亩优质无公害蔬菜栽培基地、支塘千亩果品基地等现代农业示范基地为样板，以现代农业规模化、精准化和设施化为要求，不断提升规模化示范基地建设水平，扩大现有设施农业面积，实现农业基础设施与农村经济增长之间的长期协调性。加大政府资金的基础性投入，加强农业基础设施建设，提高农业装备水平和农业综合生产能力。大力发展设施农业。加快优质蔬菜、瓜果、花卉和特种水产领域设施农业的发展。应用现代工业装备和现代管理方法，走高科技、高投入、高产出的工厂化农业道路。改变农业生产完全受制于自然气候条件的状况，调整农业生产周期，使农产品产量系列化、批量化、优质化，提高农业生产效率和土地产出率。大力推进农业机械化。通过农机具购机补贴，在农业各产业关键的生产环节，引进推广先进适用的农业机械；加强现代农艺与农机运用的配套研究；培育农机专业合作组织，提升农业机械的社会化服务水平；逐步改善农机具的存量结构，注重高效性、适用性、节能性和安全性，提高农机化装备水平和科技贡献率。加大农业生产技术指导力度，开展技术人员与农户、企业结对帮助和农业专家巡回指导，在田间管理、病虫草防治等方面指导服务到田，确保粮食增产、农业增效。

现代农业离不开高素质的农业技术推广人才、农业科技企业家和高素质农民，健全农业科技创新、农业技术推广、农民教育培训三大体系尤为迫切。为此，要搭建农业科技供需对接平台，加快建立以生产需求引导科技研发的机制，积极促进各类新型农村经济技术合作组织建设，促进农业科技成果向现实生产力转化；注重农技人员梯队建设，解决农技人员后顾之忧，稳定农技队伍，优化农技人员知识结构，加强农技人员知识更新培训，不断提高业务技能和为农服务水平；借助远程教育等信息化教育手段，普及农科知识，农技人员现场指导农民生产，加速农民知识化进程，弥补基层农技人员配备不足，带动农民致富。农村干部队伍的素质好坏，决定着农业发展水平的高低。通过下派、选拔、竞争上岗等多种形式，把双带作用明显的优秀干部充实到农村基层队伍中来，培养一支“重视农业、关心农民”的农村干部队伍，带领农民致富。

2．**营销服务**

加大产业化开发和服务力度，大力组织市民走进基地、农产品走进市场、农业走入城市等活动，举办各类农业节庆和农产品交易活动。加大宣传力度，推介、营销本地优质农产品，精心组织各类产品推介会和展示展销会，如长三角及华东地区等区域性的农产品交易展示会等。完善“绿色通道”政策，扩大产品范围，扩展实施线路，延长开通时间。提倡连锁经营、配送、超市等新型流通方式，发展电子商务、网上营销等现代物流业，培育农产品营销“经纪人”队伍，做好产销信息服务，引导已粗具规模的农产品营销户实行企业化经营，培植和发展农产品流通企业，建立稳固可靠的营销网络。继续实施接轨上海战略，鼓励企业开拓上海等大中城市农产品市场。流通渠道畅通，既解决农民的后顾之忧，又能获得企业在资金方面的支持，便于实现农产品生产从重数量到重质量的转变。

3．安全服务

重点围绕地产农产品质量安全、重大动物疫情、农作物重大病虫害、农机和渔业生产安全、森林防火等工作，确保不发生重大责任事故。在现有农产品安全监管的基础上，进一步完善农产品质量安全监管体系，强化农产品质量监管。建立各级农业检测中心，将检测的重点逐步扩展到产地环境、农业投入品、农业加工品等产前、产中、产后各个环节。组建市级农产品认证组织机构，为开展农产品认证工作提供指导和服务。坚持标本兼治，全面推行农产品生产档案制度、市场准入制度、例行检测制度和质量安全追溯制度，从产前、产中、产后等各道环节加强监控，确保农产品质量安全，增强农产品的市场竞争力，更好地满足城乡居民的消费需求。政府部门要加强地方农业标准体系的建设，积极制定和完善优势农产品质量安全标准和生产技术规程。把农业产前、产中、产后诸环节纳入标准化经营管理轨道，逐步形成与国际、国家和行业相配套的标准体系，重点制定与国家标准和行业标准相配套的生产技术规程、名特优新产品地方标准。抓好无公害农产品生产基地认证，加大农业标准的示范、推广、应用力度。健全农产品质量认证制度，加强产地认定、产品认证和标识管理，推行产品分级包装和产地标识制度。

4．信息化服务

积极发展智能温室、土壤水质动态监测、精确数字农业、地理信息系统、农产品质量可追溯系统等，大力开发视频系统、短信系统、网络系统、3G系统等信息化服务，为现代农业提供更有效、更快捷、更精准的全面服务。加快农业信息服务体系建设，发挥政府的信息服务作用，解决信息不对称问题。按照国家“金农工程”建设要求和“数字常熟”建设规划，加快电脑、电视、电话“三电合一”农业信息服务模式的推广步伐，进一步加强农业信息网建设，增强“农信通”等短信服务功能，发挥IVR农技专家咨询平台的作用。扩大信息采集范围，提高信息资源的数字化率和处理能力，共建共享综合数据库群，为用户提供信息浏览、查询、发布、咨询等服务。扩大农业信息、农业技术的传播范围，丰富信息发布的内容、时间和频次，满足不同群体的信息需求。推进信息“进村入户”、“联企业涉基地”。在农业龙头企业、专业合作组织中培育一支精干高效的农业信息工作队伍，加快推进信息技术在农业领域的应用。

5．**政策服务**

坚决落实苏州市委、市政府的重大决策，做好30万亩水稻的永久性保护、生态补偿机制的实施、生态公益林和重要湿地水源地的保护、农业规划和立法调研等工作。落实支农惠农政策。狠抓农业相关规划工作，积极落实相关惠农政策，进一步加大扶持力度，对上争取补贴与自身加大投入相结合，提高农民的积极性。加大对农民创业的支持力度，帮助能力不强的农民实现就业，有能力的农民鼓励创业，使不同素质、不同能力的农民群众都能各展其能、各尽其力、各得其所。

6．**金融服务**

进一步创新机制，合理调整国民收入分配格局和财政支出结构，增加公共财政向农业的转移支付，尽快实现由农业哺育工业向工业反哺农业的转变。通过“存量财力适度调整，新增财力重点倾斜，市（县）镇财政联动增加投入”的办法，将财政支出的重点进一步向“三农”倾斜，多渠道、大幅度增加财政向“三农”的投入总量，提高农业占财政支出的“两个比重”。大幅度增加农业发展资金，使其在发展农业科技、推进农业产业化方面有更大的投入。同时改变目前财政支农投入渠道多、资金分散、使用效率低的现状，探索资金整合使用的有效途径。落实从土地出让金净收入中安排一定比例的资金用于农业土地开发的政策，推动土地整理、标准农田建设、地力培育工作的顺利进行。完善政策，加快构建以政府投入为引导的“三农”投入机制。

进一步发挥农村金融制度对现代农业的支撑作用，完善政府扶持、多方参与、市场运作的农村信贷担保机制，引导各类资金和经济资源投向农村和农民，解决广大农户的融资难问题。拓展涉农业务，增加信贷额度，运用先进的贷款发放技术，配备专门营销团队，简化担保手续，优化服务质量，为农村中小企业发展提供资金支持。

进一步鼓励支持新三资投资农业。新三资企业投资农业，不但解决了农业投入资金不足的问题，更重要的是引入了工业的理念发展农业，引入了市场经营理念和先进的管理经验成果，引进了人才，是提升现代农业发展水平的重要手段。加强政府资金的基础性投入，加快市（县）农产品加工基地建设，完善基地设施，扩大基地规模，使之更好地发挥农业招商引资主平台作用。

政府通过组织工商业主考察现代农业、召开农业项目推介会等途径，推介重点农业招商项目，吸引工商资本、民间资本、市外资本投资发展现代农业和农产品精深加工业。同时制定优惠的政策，从土地、科技、财政、信贷等方面切实对新三资投资现代农业给予扶持。建立农业招商政府协调机制，加强农经、外经、海关、检疫检验、质监、财政、金融等部门的联系与协调，开展对政府部门的农业招商业绩考核制度建设，形成农业招商的合力。

思考题：

1. 苏南经济社会快速发展的用地需求与基本农田保护的矛盾日益突出，如何在积极推进城镇化过程中控制农业可用耕地不断减少的趋势？

2. 目前农民承包的土地还相对分散，组织化程度不高，如何进一步推动农业适度规模经营？

3. 当前农村务农劳动力文化素质普遍不高，接受应用新品种、新技术、新知识的能力较弱，如何提高务农劳动力素质，匹配农业基本现代化的劳动力需求？

4. 如何进一步发挥市场机制作用，提高农产品销售水平？

第三篇　积极推进新型农业经营主体创新

摘要：2013年中央一号文件指出，发展现代农业，核心是培育新型农业经营主体。实践表明，新型农业经营主体是推进农业转型升级和粮食增产、农业增效、农民增收的主要力量。常熟市现代农业发展得有声有色，活力源泉也在于各类新型农业经营主体的成长。下阶段，常熟市应立足于水稻、蔬菜、水产等优势特色产业发展需要，因地制宜、因村施策，合理选择新型农业经营主体，逐渐形成以家庭农场、村办合作农场和“龙头企业+家庭农场”、各类专业合作组织等多种经营主体共存的发展格局，并继续完善相关经营主体管理和运营机制，为苏南、江苏乃至全国积累宝贵经验。

一、理论依据与文件背景

（一）理论依据

改革开放以来，我国农业现代化建设取得举世瞩目的发展。但问题同样存在，主要表现为农业生产受土地极度细碎化的小农经营模式的制约，农民收入因土地经营利润低而被迫选择“兼业”经营；从事农业劳作的农民存在“不能不种，不敢多种”的心态而不愿向土地等生产要素追加投资，造成农业资本难以实现“资本深化”；乡村治理手段长期欠缺，村庄“老龄化”与“空心化”现象严重，农村公共产品供给极度匮乏，城乡收入差距急剧扩大等一系列问题纠结在一起，严重阻碍了我国现代化农业发展进程，甚至危及国民经济的可持续发展。

地处苏南，常熟市的工业经济有特色、有实力，吸引了大量青壮年劳力就业，提高了农民收入。但也由此而带来农业经济发展的困境：乡村空心化、务农老龄化，加上农业生产成本上涨，种粮比较效益下降，“种地不如打工”，“明天谁来种地”在常熟这样的经济较发达农村地区，成为一个紧迫的现实课题。

常熟市农业经济发展实践，与其他地方一样，也有一个摸索过程。在20世纪80年代初，常熟农业主要靠联产承包制的改革推动，实现了农户自主经营，政府超脱了，只是搞些外围服务。但经过近二十年的发展，农户分散经营的优势逐步减弱，局限性日益显露：无法推进农业集约化发展，农户运用先进农业科技的能力不强，农业机械化进展较慢，特别是农户的市场信息捕捉能力不足，市场定价与谈判能力很弱，应对自然灾害能力不强，农业基础设施更新缺乏财力与意愿。实践表明，分散农户经营农业，可以激发农民种田积极性，但无法真正让农民致富，更无法让种田成为有体面的、有尊严的、受人羡慕的职业。也正因为如此，在过去二十多年中，常熟农民将农业当作副业，“白天进工厂，农业早中晚”。近年来，由于农业生产成本的进一步提高，农业比较收益持续下降，年轻人更是不想种田、不会种田，一些老年农民也是“心有余而力不足”。

常熟市在1998年实施农村土地二轮续包以来，各镇按照《土地承包法》的规定和上级相关文件精神，严格遵循“依法、自愿、有偿”的原则，积极引导农户采取多种方式进行承包土地经营权的有序规范流转，实现了全市农业适度规模经营的快速发展。

进入新世纪以来，常熟市委、市政府，按照上级的要求，着力推进农业产业化进程，注重培育新型农业经营主体。常熟市于2002年首先在原新港镇李袁村建立了首家农业土地股份合作社，从此走上了以探索建立农民专业合作社、土地股份合作社、集体股份经济合作社为重点的新一轮农村改革发展之路。农村新型合作经济组织如雨后春笋般蓬勃发展，并不断加以创新完善，形成了形式多样的农村合作经济组织。目前已有社区股份经济合作社、农民专业合作社、土地股份合作社、富民合作社、劳务合作社及农民专业合作联社等六种形式，到2012年底，全市累计建立农村合作经济组织608家，入社农户20.72万人，占全市农户总数的95%，当年实现分红总额3.2亿元。农村新型合作经济组织的迅速发展，顺应了农村社会经济发展的客观需要，符合广大农民的意愿，形成了富民强村的长效机制。

2012年年底召开的中央农村工作会议强调，要创新农业生产经营体制机制。2013年中央一号文件也指出，发展现代农业，核心是培育新型农业经营主体。中央的决策完全符合我国现代农业发展的实际。实践表明，新型农业经营主体是农业先进生产力的代表，是推进农业转型升级和粮食增产、农业增效、农民增收的主要力量。常熟市现代农业发展得有声有色，活力源泉也在于各类新型农业经营主体的成长。

位于江苏省常熟市古里镇坞丘村的田娘农场，因2013年3月国务院总理李克强亲临考察而一时名声大噪，引发众多媒体对古里发展现代农业创新实践的关注。最近，到田娘农场参观考察、学习取经的人更是络绎不绝。“土地要产出黄金，小块不行，要靠大块，要靠规模。”李克强总理充分肯定了常熟探索农业适度规模经营的做法。“在构建现代农业发展体系方面，常熟应该说有突出的创新和变化，希望今后在这个基础上能够进一步大胆探索，给苏南、给江苏、给全国都积累经验。”总理对常熟农业发展给出了这样的指示。常熟在探索构建现代农业发展新体系中，如何实现创新与发展，如何培育新型农业经营主体，如何通过发展让土地亩效益实现最大化，是本章拟回答的主要问题。

（二）文件背景

近年来，常熟全市上下进一步解放思想、抢抓机遇、立足实际、勇于创新，以深化综合配套改革为动力，以积极推进农村组织创新为目的，相继出台了一系列相关文件，培育了一大批新型农业经营主体，不断开创常熟城乡统筹发展的新局面。

2008年，常熟市委、市政府在深入开展调查研究的基础上，制订出台了《关于加快推进城乡一体化发展的若干意见》，明确了常熟市城乡一体化发展的指导思想和总体目标以及加快现代农业建设、强化农村“三大合作”组织建设、着力扶持村级财力建设、完善农村社会保障体系建设、加强农村基础设施建设、推进农村公共事业建设、有序抓好农村居民集中居住区建设、加强公共财政体系建设等八个方面三十条工作重点，指导城乡一体化工作的有序推进。

《关于加快推进城乡一体化发展的若干意见》明确提出，要以“扩面、规范、提升”为途径，积极探索村级集体资产、农户承包土地和农业生产经营方式的股份合作制改革，加快推进农村“三大合作”组织建设。不断完善农村社区股份合作制改革，在规范合作社运作上下功夫，力争在2008年全面完成农村社区股份合作制改革的基础上，到2012年实行按股分红的合作社比例超80%。继续推进农村土地承包管理改革，鼓励农户将土地承包权转化为股权，组建土地股份合作社，到2012年，全市土地股份合作社总数达到120家。土地股份合作经济成为新增土地流转的主要实现形式。规范发展农村专业合作经济组织，力争用五年时间使专业合作经济组织总数超过300家，有50%以上的合作社实行二次分配。同时，继续开展“四有”专业社创建活动。到2012年，全市创建省级“四有”专业合作社累计达到35家，苏州市级新型农民专业合作经济组织占总数的80%。通过深化农村“三大合作”改革，为城乡统筹发展注入新的活力。

2013年至今，常熟市委、市政府相继出台了《关于扶持农业产业化和龙头企业发展的实施意见》、《关于进一步规范全市农村承包土地流转管理的意见》及《关于鼓励支持村级合作农场发展的意见》等相关文件，在积极推进农业经营主体创新方面进行着有益的探索，以期为苏南地区乃至全省全国现代农业发展提供可供借鉴的新路径和新经验。

《关于扶持农业产业化和龙头企业发展的实施意见》明确指出，农业产业化是现代农业的发展方向，农业龙头企业作为现代农业产业体系的重要主体，是推进农业产业化经营的关键力量。近年来，全市农业龙头企业不断发展壮大，带动能力明显增强。截至2012年底，全市农业龙头企业总数达到60家，其中，省级8家，市级12家，有力促进了农业增效、农民增收。当前，常熟正处于转变农业发展方式、推进农业现代化建设的关键阶段，大力扶持农业龙头企业发展，有利于促进现代农业发展、带动农民增收致富、繁荣发展农村经济，是推进农业现代化建设的关键举措。各地、各有关部门要深刻认识新形势下扶持农业龙头企业发展的重要意义，采取更加有力的措施，促进农业龙头企业做大做强，不断增强农业龙头企业对生产基地和农民的辐射带动能力，充分发挥农业龙头企业在实施农业现代化工程和推进新农村建设中的带动作用。到2015年，全市市级以上农业龙头企业总数达到80家，其中国家级1家，省级10家，苏州市级18家，常熟市级51家。

《关于进一步规范全市农村承包土地流转管理的意见》明确指出，在充分保障农民土地承包经营权的前提下，坚持依法自愿有偿的原则，加大政策扶持力度，积极鼓励和引导农村土地承包经营权有序流转，加快土地向规模经营集中，是当前常熟发展现代农业园区和合作农场的坚实基础。截至2012年底，全市共流转农村承包土地经营权面积达到40.65万亩，占实有农用耕地面积的81%。针对新形势下全市土地流转等方面出现的新情况、新问题，该文进一步明确了规范农村承包土地流转的基本原则、目标任务和措施要求，有效提高了农户流转土地承包经营权的积极性。

近年来，常熟市在加快土地流转、发展农业适度规模经营、组建农业股份合作社等方面做了大量卓有成效的工作，并开展了村集体自主经营农地的有益探索，为全市发展村级合作农场奠定了良好基础。3月份，根据2013年中央一号文件要求，在深入进行调查研究的基础上，常熟市正式出台了《关于鼓励支持村级合作农场发展的意见》，明确了合作农场发展的原则、基本条件、目标任务及主要措施，要求到"十二五"期末，全市建成村级合作农场60家，经营农地面积15万亩。村级合作农场是指由村集体经济组织发起，集体（公有）经济占主导，农民自愿参股，联结农村经济合作组织或农业企业，共同开展农业生产经营活动的新型市场主体。其成员可以是农民，也可以是各类农村经济合作组织以及从事农产品加工、营销的企业。该文件明确要求各地发展村级合作农场要以村级集体为主导，以"产、供、销"一体化模式，实现专业化生产、规模化经营、集约化发展，提高耕地质量和产出效益，发展现代高效农业，有效增强村级集体经济实力。农民加入合作农场后转型为"职业农民"。村级合作农场将坚持走股份合作之路，自主经营，自负盈亏，利益共享，风险共担，实施企业化管理。以种植水稻为主、村集体自主经营面积超过1000

亩，以林果、蔬菜、水产为主，村集体自主经营面积超过500亩的村级合作农场，市财政每年安排一定数额的奖补资金，按经营规模和效益指标分档奖励。同时在农业基础设施投入，特色农机具、加工设备等固定资产购置，土地流转费补贴等方面加以扶持奖励。税务部门积极为村级合作农场享受国家规定的对农业生产、加工、流通、服务和其他涉农经济活动相应的税收政策提供优质服务。金融部门的服务将适度向村级合作农场倾斜，农业银行、农村商业银行等金融机构要积极为村级合作农场提供信贷支持。政策性农业保险要确保符合条件的村级合作农场参保全覆盖。2013年5月6日，常熟市勤川合作农场正式揭牌运行，成为全市首家村级合作农场，这无疑是常熟在创新农业农村经营体制上又迈出崭新一步。

至此，常熟市拥有了以社区股份经济合作社、农民专业合作社、土地股份合作社、富民合作社、劳务合作社及农民专业合作联社等六大类农村新型合作组织为主，辅以龙头企业+家庭农场、规模经营的家庭农场、村级合作农场等多样化的新型农业经营主体。

农村社区股份合作社是指将村级集体所有的经营性资产以股权的形式量化给每个村级集体组织成员，并遵循股份合作制的原则，从而形成一个民主管理、民主决策、独立核算、自主经营、风险共担的新型合作经济组织。

土地股份合作社是指在稳定家庭承包经营制度和确保农民土地承包经营权的基础上，为探索创新农村承包土地流转机制，由农户自愿将土地承包经营权入股，组建土地股份合作社，将土地适度集中进行农业产业规模经营，然后，根据土地利用规划，通过对内或对外公开招标等形式落实经营主体，发展现代农业或从事其他二、三产业。

农民专业合作社是指在明晰农户私人产权、保持农户经营主体地位的基础上，以农技部门、村集体经济组织、种养能手、经纪人大户等牵头，联结在一个或几个农业生产领域、从事同一农产品的产销农户在生产、流通、技术、资金等某个方面或几个方面组建的新型农村合作经济组织。

富民合作社是指将农村承包土地经营权、农户的闲散资金及征使用土地后的补偿款等经过村级集体经济组织发起，通过建造标准厂房和三产用房出租或实行资本运作等形式，获取更大、更高的经济效益，再按股在合作社的成员中实行再分配。

劳务合作社是指把分散的农民聚集起来，以合作社的名义对外承接各项业务、提供劳务服务，从而更好地维护社员劳动权益，增加社员工资收入。

家庭农场是指以家庭成员为主要劳动力，从事农业规模化、集约化、商品化生产经营，并以农业收入为家庭主要收入来源的新型农业经营主体。

龙头企业+家庭农场是指原有的农业公司，继续经营农业，通过加快农户承包地的流转，组建家庭农场，再让若干家庭农场与龙头企业合作，从而提高了农户的市场谈判地位，维护了农民利益。

村级合作农场是指由村集体经济组织发起，集体（公有）经济占主导，农民自愿参股，联结农村经济合作组织或农业企业，共同开展农业生产经营活动的新型市场主体。其成员可以是农民，也可以是各类农村经济合作组织以及从事农产品加工、营销的企业。

二、实践经验与亮点剖析

（一）主要做法

近年来，常熟市以贯彻实施《中华人民共和国农民专业合作社法》为契机，把促进农村新型合作组织经济健康发展，大力培育现代农业经营主体，作为创新农村经营体制机制，推进城乡一体化建设的重要内容来抓，取得了明显成效。

1. 加强政策支持，为新型农业经营主体发展营造良好氛围

常熟市委、市政府一直十分重视新型农业经营主体的建设和发展，通过召开各级会议，利用电视、报刊、广播等媒体积极加以宣传引导，不断解放思想，更新观念，统一认识，在全市形成了推进农业经营主体发展的良好氛围。一是部门形成合力。近年来，市委、市政府将新型农业经营主体的建设和发展作为全市农村工作的重要目标任务来抓，纳入镇机关工作目标管理责任制考核内容，加强督促推进。各镇也把发展农业经营主体作为推进农村改革和城乡一体化的重要抓手，切实加以落实。市委农工办等相关部门全力支持，各有关部门积极为合作社在登记、信贷、用地、用电等方面提供优质便捷服务，为全市新型农业经营主体发展营造了有利条件。二是政策文件扶持。2003年和2004年，市委、市政府分别出台了《关于加快推进农村专业合作经济组织建设的实施意见》及《关于实施农村股份合作制改革的意见》等政策文件，明确了组建农村新型合作经济组织的指导思想、原则要求及相关优惠政策。以上优惠政策的出台，对于促进农村新型合作经济组织建设起到了较好的导向作用。为鼓励其发展，常熟市连续多年实行对组建社区股份合作社补贴2万元，其他组织补贴0.5万元的以奖代补政策，支持更多的基层农民参与农村合作经济组织建设。近年来，各级财政不断加大对农村新型合作组织的支持力度，对达到“五好”（服务成员好、经营效益好、利益分配好、民主管理好、示范带动好）标准的，向相关部门分别推荐争取财政部级、省级、苏州市级的财政支持。通过各种优惠政策扶持，全市农业经营主体数量及类型不断发展壮大，规范化程度和服务带动能力进一步提升。

2. 加强规范管理，推动新型农业经营主体健康发展

多年来，常熟市委、市政府本着“放手不放任，帮办不包办，扶持不干预”的原则，注意把握新型农业经营主体发展导向，切实做到以规范促发展。一是坚持规范组建。明确各类合作组织的组建步骤及具体要求，统一规范组建程序。在具体操作中，注重章程拟定、组织机构产生、收益分配等核心环节，并充分征求和听取村民群众的意见及建议，务求公开、公平、公正，实行阳光操作。二是坚持规范运作。近年来，常熟市以开展创建各类示范型合作社为契机，抓好合作组织的规范化建设。要求各类合作组织每年都召开社员大会或社员代表大会，并形成完整的台账记录。要求各类合作组织实行全面建账核算，完善分配机制，具体分配办法必须由社员大会或社员代表大会决定。在全市范围内，定期组织规范发展合作组织现场会，通过示范创建活动，帮助各合作组织健全组织机构，完善财务管理、社务公开等内部规章制度，使越来越多的合作组织走上了规范发展轨道。

3. 加强指导服务，提高新型农业经营主体的市场竞争力

新型农业经营主体的发展壮大，离不开各级政府部门的服务和指导，多年来，常熟市委、市政府通过相关扶持举措，不断提高新型农业经营主体的市场竞争力。一是坚持把提高从业人员素质放在重要位置。通过农村实用人才队伍建设和现代农业人才支撑计划等培训项目，依托市十大农村党员干部科技素质培训示范基地，突出订单培训、定向培训等有针对性的知识培训，帮助解决技术难题，构筑起全市农民就业培训服务体系，在“十一五”期间培训农民并发证6800人次，有效培养了一批“田秀才”、“土专家”。二是切实加大“农超”、“农社”、“农企”对接服务力度。目前，全市共有农业龙头企业60家，建成各类农产品原料基地20.1万亩。依托农业龙头企业，加强农产品质量和品牌建设，积极拓展农产品现代流通业态，推动“农超”、“农社”、“农企”对接，倡导地产农产品“直供专销”模式，延伸农业产业链，提升了农产品附加值。到2012年底，全市累计建立农村合作经济组织608家，入社农户20.72万人，占全市农户总数的95%，当年实现分红总额3.2亿元。

4. 加强鼓励引导，拓展新型农业经营主体的发展空间

自2002年开始，在市委、市政府的鼓励支持下，各镇不断加大工作力度，加强业务指导，完善运作机制，在坚持家庭承包经营制度的基础上，积极引导广大农民依托当地主导产业和优势项目，兴办各类农村合作经济组织，取得了阶段性成效。一是大力发展“三大合作”组织。加快推进社区股份经济合作社主体的合法化，工商登记工作基本完成，定期分红制度初步形成。围绕发展规模经营、建设现代农业目标任务，创新农业经营体制，扎实推进以村集体经济组织为经营主体的农村土地股份合作制改革。鼓励农民专业合作社之间、合作社与相关市场主体之间进行多种形式的联合与合作，组建合作联社或农产品行业协会，提高农民组织化程度；支持农民专业合作社自办或参股农产品加工流通企业，延长产业链，让农民共享农产品加工流通环节的增值效益。二是探索新型农业经营主体的发展空间。2013年中央一号文件明确指出，发展现代农业，核心是培育新型农业经营主体。2013年以来，在发展现代农业、鼓励规模经营的过程中，常熟出现了专业合作社、种养大户、家庭农场、村级合作农场等多种形式、规模不等的农业经营方式和主体。为规范以上各种新型农业经营主体的发展，市委、市政府相继出台了《关于扶持农业产业化和龙头企业发展的实施意见》、《关于进一步规范全市农村承包土地流转管理的意见》及《关于鼓励支持村级合作农场发展的意见》等系列文件，在积极推进农业经营主体创新方面进行着有益的探索，以期为苏南地区乃至全省全国现代农业发展提供可供借鉴的新路径和新经验。

（二）取得成效

1. 初步形成了促进农民增收的长效机制

农村新型合作经济组织的建立和发展，完善了集体收益分配制度，确保了农民享有集体收益分配权；实现了土地资源的优化配置，推进了农业规模经营和现代农业的发展，提高了农业生产效益；找到发展农民合作投资共同致富的新途径，有效增加了农民收入。到2012年底，全市累计建立农村合作经济组织608家，入社农户20.72万人，占全市农户总数的95%，当年实现分红总额3.2亿元。最近几年，一大批富民合作社、劳务合作社及农民专业合作联社等新型合作组织不断涌现，大大激发了全市农民创业致富的热情。以古里镇为例，全镇16个村成立的以标准厂房租赁等为主要经营范围的富民合作社总投资金额已超亿元，全镇共有2948户村民入股，入股总金额近2600万元。通过支持和鼓励劳务合作社的组建，解决了一批大龄失地农民及就业困难人群的就业问题。各镇、村将区划内的道路养护、绿化爱护、环卫清洁、河道保洁等项目优先发包给镇、村集体劳务合作社，以此增加农民收入。通过认真落实省及苏州市有关文件精神，加大对各类合作组织的税收优惠力度。特别是对农民个人实际出资（入股）的各类合作组织，其建造的集宿楼、物业用房、标准厂房等出租收入，按综合税率5%征收，为农民专业合作组织增加积累、提高收入提供有力的政策支持。总之，通过增加农民的资产性收入和资本性收入使之逐步摆脱对农村和农业的依赖，为农民“持股进城、按股分红”创造了条件，为农民市民化、收入多元化、城乡一体化奠定了基础。

2. 明晰了农村集体资产的权属关系

随着社会主义市场经济体制的逐步建立和完善，原有计划经济时期形成的农村经济体制和经营机制已不适应农民持续增收和社会主义新农村建设的需要。农村合作经济组织的建立，为市场经济条件下探索和发展集体经济找到了新路。常熟在推进城乡一体化发展过程中，不断加强农村集体资产管理，加快股份固化改革，科学界定比例，规范收益分配，提高分红水平，使农民与集体形成更为紧密的利益联结机制，通过全面推进农村集体经济股份合作制改革，将集体存量资产量化给农民，以股权形式明确了组织成员在集体所有者权益中所占的份额，改变了长期以来以集体名义经营和管理集体资产的模式。尤其是社区股份合作社，把集体存量资产量化给农民，非但没有削弱集体经济，反而通过股份量化使农民直接参与管理，规范二次分配，保障农民利益，调动了广大农民发展集体经济的积极性，确保了集体资产的保值增值。实行农村社区股份合作制改革以来，常熟村级集体经济不断发展壮大，到2012年底，全市村级集体经济总收入14.6亿元，村均627万元。

3. 有效促进了农业规模经营和现代农业的发展

通过农村股份合作制改革，农民在明确土地承包权的前提下，将土地经营权集中起来，实行统一经营，提高了农民在市场竞争中的经济地位和社会地位，优化了农业区域布局和农产品品种，推动了农业特色主导产业的发展和农业产业化经营，促进了农业产业向二、三次产业的延伸，加快了农村经济结构的调整过程，有利于发展现代农业。一是推进了农业结构调整。近年来，全市农业结构调整步伐明显加快，传统的粮棉作物已有较大幅度的调减，花卉苗木、瓜果蔬菜等高效经济作物比重明显增加，特种水产、畜禽养殖业得到稳步提高，为高效规模农业发展奠定了良好基础。二是促进了农业科技进步。实行土地连片集中、规模经营，为新农艺、新技术、新肥药、新品种的推广应用创造了有利条件，进一步提高了农业科技含量。三是促进了农机化水平的提高。土地实行规模经营必须要有一定的物质技术装备为条件，从而促进全市农机化水平的提高。到2012年底，全市拥有各类农业机械3.42万台，农业综合机械化水平达85%，位居全省前列。四是加快了农业产业化进程。实行土地规模化经营，进一步提高了农产品商品率，促进农产品精深加工和配套服务等产业的发展，推进了农业龙头企业建设。目前，全市拥有苏州市名牌农产品46个，省级名牌农产品10个，援助无公害、绿色、有机食品总数351只，形成无公害、绿色食品基地46万亩。五是培育了一批新型农民。实行土地规模经营，还有利于新型农民的成长，为进一步扩大规模经营，创造了人才条件。

4. 提高了农民的组织化程度

近年来，常熟涌现了大量由从事同类产品或相关产品生产经营的农民自愿组织起来的农村专业合作社。这些专业合作社往往在产前、产中、产后的一个或几个环节上开展合作，内部一般实行统一的生产资料供应、生产标准及产品的销售。由于减少了中间环节，节约了交易成本，较好地实现了小生产和大市场的有效对接，市场竞争力也不断增强。以董浜金龙稻米专业合作社为例，该合作社采取统一收购、统一招标、统一农资供应、统一品牌销售的办法；同时还投资200多万元建造库房、引进先进烘干设备，生产优质大米；成功注册"乐百姓"商标，在东北建立了"乐百姓"大米生产基地，所产大米统一以"乐百姓"品牌销售，农民收入稳步提高，2012年人均收入近2万元。总之，农村专业合作社有效解决了专业化与兼业化的矛盾，创新了农村经济发展形态，实现了农村基本经营方式经历了由"统"到"分"再到"合"的螺旋式上升发展。农民的组织化程度和市场主体地位大幅度提高，开始走上"家家有资本，户户成股东"的共同富裕之路，为农民向市民和农业工人的身份转变创造了组织条件。

5. **加快了农村管理民主化进程**

近年来，常熟陆续出台了相关文件，积极引导全市农村新型合作经济组织向规范化方向发展。在农村新型合作经济组织的股权设置上，尽可能公平、合理，防止少数人控股或持大股，促进共同富裕。如对农民专业合作社和富民合作社，明确要求农民成员入股必须占到80%以上，个人单独持股不得突破20%。在组织结构上，逐步健全"三会"（董事会、监事会和成员代表大会）制度，推进社务公开，做到民主管理、民主决策、民主监督。在建章立制上，不断完善内部股权、财务管理、股金分配等制度，努力实现"民办、民管、民受益"，农村新型合作经济组织的规范化发展改变了过去农民无权参与管理、干部决定一切的状况，有效保障了农民群众的知情权、参与权、表达权、决策权，开辟了农村民主管理的新途径，把基层民主管理提升到了新的水平、新的境界，农村民主管理和农民权益保护发生了积极变化，促进了农村经济繁荣和社会稳定。

6. **有利于顺应世界经济发展潮流**

合作经济是世界经济发展的一个潮流。无论是发达国家，还是发展中国家，只要有商品交换，就必然存在困难群体被欺凌被损害的现象，人们就会自愿组织起来，兴办合作经济，以多种合作形式抵御市场风险，维护自己的权益，争取更好的生存发展环境，从而脱贫致富。发达国家农民以法人身份进入市场，在欧盟，农民对外的经济交往，或以农场，或以合作社及其所处加工、流通企业名义出面，都具有规范的法人地位，这就大大提高了信誉度，为农村经济的快速、健康发展奠定了基础。同时常熟农村合作经济实践也印证了恩格斯对小农经济的预言："我们的小农同过了时的生产方式的任何残余一样，在不可挽回地走向灭亡"；"当我们掌握了政权的时候……我们对于小农的任务，首先是把他们的私人生产和私人占有变为合作社的生产和占有，不是采用暴力，而是通过示范和为此提供社会帮助"。可以说，农村三大合作经济组织的出现是在生产力发展之后，对生产关系的主动调整。

（三）存在问题

1. 合作经济组织自身规模较小，带动能力不强

常熟市农村新型合作经济组织虽然发展较快，但总体上规模偏小、发展不平衡、带动能力不强，资金短缺是现阶段合作社运行过程中的一个突出问题。从目前现状来看，全市相当部分农村新型合作经济组织实力还较薄弱，自身积累比较有限，难以充分发挥合作组织带动和促进农民增收的作用。至今尚有少数社区股份经济合作社由于政经还未分离，且收入有限，仅能维持正常的刚性支出，无力实行股份分配。少数合作经济组织还处于初创阶段，运行并不正常，或处于投入阶段，由于农业生产的特点，产出周期较长，一些合作经济组织还未建立完善的营销网点，因此前景也难以估计。

2. 收益分配水平总体偏低，增收效果较弱

常熟社区股份合作社分红普遍较低，增收效果较弱。2011年全市实行分红的173个农村社区股份经济合作社，分红总额为1.35亿元（包括各项福利分配），只占当年收益的30%左右。同时，社与社之间在分配上也存在严重不平衡性，高的如梦兰社区股份合作社，人均分红超过3000元，但全市仍有近30%的社区股份合作社完全没有分红。富民合作社作为当前壮大村级财力，提高农民收入的重要途径，但其发展也面临一些问题，除了存在社与社之间的分配不平衡性以外，收入来源的单一已成为影响其发展的重要因素。由于收入基本来自于物业租赁，虽然较为稳定，但一旦物业出租率下降或租赁者无法支付员工工资，就会严重影响收益的分配。

3. “三会”组织职能尚未充分发挥，规范运作欠佳

常熟市农村新型合作经济组织虽然在形式上均成立了“三会”组织，但大多处于起步阶段，运行质量和水平均不高，内部的各项管理制度还有待进一步健全。有些合作组织虽有章程及内部治理机构，但在具体运作中未能真正按照章程规范运作，成员的管理意识淡薄，农民较少参与经营和管理，其主体地位及民主权利难以得到有效保障。在组织内部的合作上，多数专业合作组织虽然在农产品销售方面发挥了重要作用，但大多比较松散，未能形成紧密的经营共同体，流通环节的效益和地方政府的优惠政策实际由少数牵头兴办人分享，广大合作经济组织规范化、民主化管理的意识急待增强。

4. 现代农业人才相对匮乏，产品附加值较低

工业化、城市化的推进，农村人力资本溢出效应，高素质的农村劳动力向二、三产业转移，造成农业劳动力老龄化现象凸显，适应现代农业发展的职业农民、高层管理和专业技术人员相对不足，尚未建立完善的人才储备机制，人才集聚能力有待加强，特别是如何吸引青年人才安心从事、长期从事现代农业，尚未建立起有益的激励机制。当前，一些合作社的带头人文化素质、农技素质还不能完全适应市场经济发展需要，善经营、懂技术、会管理、乐于奉献的人才比较缺乏。一些农民专业合作社未结合产业特色形成品牌效应，产品附加值低。多以产品初加工、果蔬种植销售为主，且多数主营一种特色产品，产品单一，衍生产品少，没有形成产供销一条龙的经营路线，市场占有率低，竞争力不强。

5. 各项政策尚未建立健全，扶持力度不强

苏南尽管在农民专业合作经济组织的合法登记方面已经突破，但合作社在依法登记后，必须进行税务登记，相关税费负担较重。由于当前财税优惠政策的扶持力度不强，这在一定程度上制约了农村合作经济组织的健康发展。现行各项税收政策对农村合作经济组织不够系统，实用性不强。从涉农税收优惠政策的内容看，对农村合作经济组织现行各项税收政策分散在诸多文件中，相对较为零散，对于如何支持和促进新型农村合作经济组织税收政策扶持，目前仍缺乏必要的税收优惠政策支持。从优惠政策的结构来看，目前农产品生产环节税收优惠相对较多，销售环节税收优惠相对较少，农产品初加工环节税收优惠相对较多，深加工环节税收优惠相对较少，涉农科技支持方面税收优惠相对较多，资金支持方面税收优惠相对较少。这些问题的存在，一方面难以体现税收公平原则，另一方面也不利于农村合作经济组织发展。

三、改革举措与前瞻展望

进入新世纪以来，随着我国经济飞速发展，城乡居民收入水平快速提高，消费能力不断提升，加上互联网带来的发达资讯，大大增强了城乡消费者的安全健康意识，对农产品质量安全的要求日益提高。改革开放以来形成的以传统农户为主体的小生产和以难以计数的小商贩为主体的分散流通相结合的生产供给模式，不仅给质量安全监管带来极大的难题，也给建立全过程的标准化管理体系和质量追溯体系增加了难度。发展新型农业经营主体，通过专业大户、专业合作社、家庭农场等，可以将分散的农户组织起来进行生产，统一生产资料供应和技术规程，实现全过程、全产业链的质量管理，建立“从餐桌到田头”的质量追溯制度，保障农产品质量安全。近年来，常熟一大批农村新型合作经济组织加快产加销、贸工农一体化程度，延长产业链条，推动产前、产中、产后各环节深度融合，提高了农业的组织化程度和农产品附加值，应对市场风险和国际竞争的能力大大提高，从当前情况看，全市业已具备加快培育新型经营主体的基础和条件。

（一）加快培育的新型农业经营主体类型

在发展现代农业、鼓励规模经营的过程中，常熟市培育了专业合作社、种养大户、家庭农场、村级合作农场等多种形式的新型农业经营主体。形成了“合作社＋基地＋农户”、“龙头企业＋基地＋农户”、“龙头企业＋若干家庭农场”等多种新型合作发展模式。究竟哪一种合作发展模式更适合常熟的发展现状？培育哪一类农业经营主体更有利于农业经营体制的稳定、有利于农业社会化服务体系的完善、有利于增强农业的抗风险能力、有利于进一步提高农业的产出效益？本章拟通过对当前常熟各类新型农业经营主体的特点及优劣进行剖析比较，从而得出相应答案。

1. 常熟市各类新型农业经营主体典型剖析

常熟市虞盛农产品专业合作社是由海虞镇七峰、肖桥、郑家桥村吸纳当地3800多农户“抱团”组建而成，注册资本240万元，拥有耕地面积1.43万亩，合作社运作采用“农户＋基地＋合作社”模式。具体为：农户——将受托的农户流转承包土地，实行“五个统一、一个上交”发包给种田大户，五统一即是统一供种、统一肥料和农药、统一标准化生产、统一销售、统一核算，一上交即是承包规定上交粮食数量；基地——由村级集体自主经营农业产业示范基地，以种子培育为目的，以示范为引领、以服务为宗旨，为受包农户提供种子供应和种植技术指导服务；合作社——为本区域的农户提供统一的生产资料采购服务、粮食仓储服务，打造稻米深加工基地，进行稻米生产、包装和销售，形成稻米生产、加工、销售一体化。

2004年成立的常熟市吉健葡萄专业合作社，以种植无公害葡萄为特色产业，以合作社为广泛形式，带领广大农民共奔富裕之路。合作社从一开始的三五户农户入社，发展到目前的80多户农户入社；葡萄种植基地也由原来的15亩，发展到现在的500多亩。通过不断吸纳和辐射，已经带动周边乡镇的碧溪、东张、吴市、周行、虞山宝岩等地众多农户参与合作经营。在生产管理上，合作社实行“四个统一”，即：统一生产，统一技术指导，统一品牌，统一收购和销售。随着合作社成员不断扩大，葡萄种植面积也越来越多，预计今年可收获“吉健”葡萄200多吨。按照往年估算，农户每亩葡萄的收益将在1万元以上，真正做到了农业的“高产出”。

常熟市吉健葡萄科技有限公司拥有500亩商品葡萄基地，年产30万公斤。据公司负责人介绍，随着大批葡萄进入成熟期，每天将有近3吨葡萄销往市场。

沙家浜镇春来劳务合作联社是常熟首家劳务合作联社，在拥有13家村级劳务合作社的基础上，由沙家浜镇芦荡、朗城和华阳等3家劳务合作社发起组建，通过引入“集体扶持、集中培训、集成运作”的新型劳务合作模式，以增强当地中老年人群就业能力，实现剩余劳动力充分就业的目标。该劳务合作联社注册资金为130万元，按照“信息共享、业务联动、整体调度、资源互通”的原则，内设环卫保洁、劳务服务、绿化种养、道路养护、物业管理和家政服务等5个服务小组，负责对全镇劳务合作社的劳务需求信息、劳务业务分配、劳务报酬结算等进行统一管理、考核和奖励，并谋划在新建的城乡一体化小区春来家园和万丰家园内增设两个分部，着力做好从农民转换为居民身份新群体的就业帮扶。

王某是尚湖镇一承包大户，夫妇俩共承包了570亩粮田，夏种水稻秋栽麦，自备农业机械，自己掌握种粮技术，是典型的家庭农场经营模式。秋熟夏熟两季，一亩田一年的种植成本在900元左右，加上负担的土地流转费用，一亩粮田一年总投入在1300元左右。稻麦分别收获一茬，每亩每年总产值是2350元左右。由此，该家庭农场平均每亩每年的净效益在1000元上下。王某还经营了部分鱼塘，同时还帮助周边农户机械化收割稻麦，王某夫妇一年的收入有上百万元，称得上是当地的“种粮状元”。

常熟市田娘农场是以“龙头企业+若干家庭农场”为运作模式的新型农业经营组织，目前总经营面积达6800亩。其中，从古里镇坞丘村562户农户手中流转土地2050亩，由田娘农场直接经营，发展优质稻米标准化示范种植。其余4800亩土地，吸引周边区域37户家庭农场，实行产业化合作经营。基地以有机肥料为主要肥源，引进优质品种，按照“统一品种供应、统一机械化育插秧、统一病虫草害防治、统一新技术应用、统一标准化生产、统一品牌营销”的生产管理模式，开展绿色、有机食品生产，实现高效农业种植示范和循环农业可持续发展。2012年，田娘农场共销售田娘系列大米610多万斤，销售收入2100多万元，比常规大米增收600多万元。家庭农场产出稻谷580多万斤，平均价格达到1.65元，比国家指导价高出0.17元，亩均增收约210元，家庭农场户净收入超过8万元，实现经营总收入2500多万元，同比增长30%。田娘公司实现了农户由分散经营向适度规模经营转变、由非法人型向法人型转变，被誉为常熟市家庭农场的“升级版”。

常熟市勤川合作农场由勤丰村发起，以江苏勤川现代农业科技有限公司、常熟市勤丰果蔬种植专业合作社、常熟市勤丰农机专业合作社为核心成员，联结虞山镇东联村等8个村共同创办，目前以稻麦种植为主，兼有果蔬种植、农机综合服务等业务。该合作农场通过农村土地承包经营权入股、劳务合作社劳动力输入、农机作业服务等方式进行生产要素的合作；通过农资、农药的统一供配和农产品的统一收购、加工、销售进行流通合作，全方位整合勤丰村及周边资源，并以江苏勤川现代农业科技有限公司为平台向外推广，大幅提高了市场竞争力与经济效益，让村级集体通过经营性资产获得一定收益，农民通过土地承包经营权入股获得分红，农民参与合作农场生产劳动获得劳务收入，农机合作社提供作业服务获得收益，为发展村级集体经济、增加农民收入开辟了新路径。

常熟市今年将组建10个左右村级合作农场先行试点，计划用3年时间，建成村级合作农场60家，经营农地面积15万亩，其中村集体自主经营面积10万亩。常熟明确，发展村级合作农场以村级集体为主导，坚持农民自愿参股，走股份合作之路，农民加入合作农场后转型为“职业农民”。

2. **常熟市各类新型农业经营主体优劣对比**

据不完全统计，常熟市规模经营的土地，目前由1065户农户种植，家庭农场是其主要形式。如今的规模经营不是单纯追求规模，而要追求每亩地的产出率。规模过大，土地产出率不一定最高。流转的规模一般应控制在100亩—200亩。如古里镇坞丘村的5000余亩土地，目前由25个家庭农场经营。家庭农场的优势在于规模非常适度，富有效率，既有利于机械化作业，又便于农民精耕细作，实现现代农业与传统农业的有机融合。省委常委、市委书记蒋宏坤今年在常熟市专题调研现代农业发展情况，希望常熟在探索农业经营主体多样化的同时，鼓励本地农民积极经营规模适度的家庭农场，让农民在现代农业发展中实现增收。

当前，以农村"三大合作"组织为主体的农村新型合作经济组织已经逐步成为常熟农民参与市场经济的基本组织形式，成为农民持续增收的基本组成来源，成为农村新型集体经济的基本实现形式。农村新型合作组织的共同特点是，都有较为完善规范的章程，并能按照章程运作，坚持入社自愿、退社自由的原则，实行自我管理、自我服务、利益共享、风险共担的管理体制和运作机制。但在实际操作中，也存在着自身规模较小、带动能力不强、收益分配水平总体偏低、组织规范运作欠佳及产品附加值较低等诸多问题。

村级合作农场的涌现则恰好能在一定程度上解决农村新型合作组织所面临的以上困难。以勤川合作农场为例，该合作农场由勤丰村牵头，以江苏勤川现代农业科技有限公司、常熟市勤丰果蔬种植专业合作社、常熟市勤丰农机专业合作社为"核心成员"，联结虞山镇东联村、中泾村等8个村共同创办。过去三年，这些"核心成员"通过各自经营都获得了一定生产效益，但却存在产业化程度低、组织规模小、创新意识差、市场竞争力弱、品牌创建难等"通病"，归根结底就是缺乏有效的整合和规划，而合作农场则解决了这些问题。合作农场并未改变农业用地面积，只是通过抱团让农业农村组织之间资源优势互补，并依托规模化经营、机械化耕作、企业化管理、市场化运作的全新方式，最大化提升整体效益。此外，村办合作农场，既有集体投资办农业的积极性，又有农户参与农场劳动的积极性，在农民增收致富的同时，有效增强村级集体经济实力。近年来，常熟市在加快土地流转、发展农业适度规模经营、组建农业股份合作社等方面做了大量卓有成效的工作，并开展了村集体自主经营农地的有益探索，为该市发展村级合作农场奠定了良好基础。2013年3月，根据中央一号文件要求，常熟正式出台了《关于鼓励支持村级合作农场发展的意见》，明确了筹建常熟首批村级合作农场及今后进一步推进村级合作农场发展的具体方案。

20世纪90年代，常熟一些乡镇曾经扶持过“龙头企业+农户”的农业经营主体，取得了一些成效，但不久就发现该种经营模式存在明显的缺陷：有些龙头企业存在着垄断行为，面对众多分散农户，随意压级压价，政府又不便行政干预，导致农户增产不增收。市场经济逐利本性，决定了单靠“龙头企业+农户”的经营主体，不能有效推进农业现代化进程，必须培育新的经营主体，才能切实推进农业现代化。近年来，常熟在推进现代农业发展的过程中，探索出了像田娘农场这样较为成功的组织模式。田娘农场的“龙头企业+若干家庭农场”运作模式是对“龙头企业+农户”运作模式的创新和发展。在具体经营活动中，若干的家庭农场显然比分散的农户更有话语权，更能在一定程度上起到对龙头企业的监督作用，也促使更多的龙头企业开始认识到，只有善待农户，基地才能稳定，经营才能稳定。

农业产业化是现代农业的发展方向，农业龙头企业是发展农业产业化建设农业现代化的重要依靠力量。近年来，常熟市农业龙头企业发展较快，带动作用不断增强，截至2012年底，全市农业龙头企业总数达到60家，形成了以8家省级和12家苏州市级农业龙头企业为骨干，40家市级农业龙头企业为基础的发展格局。全市农业龙头企业销售收入突破213亿元，农产品加工值85亿元，联结农业产业基地20.1万亩，辐射带动农户19.2万户，有效促进了农业产业化发展和农民增收。因此，常熟已把扶持农业龙头企业作为推进农业产业化的重要途径。当然，在扶持农业龙头企业的过程中，必须处理好它与其他主体之间的关系：一是农业产业化经营中的龙头企业大部分从事农产品的加工业或者流通，能够使农业有更长的产业链条，使农产品有更多的增值。从这个角度去看，支持龙头企业在一定程度上会带动农业的发展，带动农民收入的增加。二是一定要处理好龙头企业和农户之间的利益关系，加强农业龙头企业与农民的利益联结，不断完善利益联结机制。

3. **结论**

综上所述，常熟市应立足于水稻、蔬菜、水产等优势特色产业发展需要，因地制宜、因村施策，合理选择新型农业经营主体，逐渐形成以家庭农场、村办合作农场和“龙头企业+家庭农场”、各类专业合作组织等多种经营主体共存的发展格局，并继续完善相关经营主体管理和运营机制，给苏南、给江苏、给全国积累宝贵经验。同时，全市上下在积极探索农业经营主体多样化过程中，无论是家庭农场、专业合作社还是村办合作农场，都要鼓励以本地农民经营为主，健全农产品销售网络，让农民真正在现代农业发展中实现增收。

家庭农场方面，鼓励发展粮食生产、水产养殖、畜禽养殖、特色种养、农业休闲观光、农牧循环综合型等多种类型的家庭农场，并通过政府政策引导和资金扶持，解决家庭农场经营过程中遇到的土地经营权流转、运营资金、农机、劳动力等问题，规范工商注册登记，逐渐突出家庭农场主体地位。

村办合作农场方面，以村级集体为主导，以“产、供、销”一体化模式，实现专业化生产、规模化经营、集约化发展，提高耕地质量和产出效益，发展现代高效农业，有效增强村级集体经济实力，完善集体与农户之间的股权分配和利益分配制度，切实增加农民收入；继续探索“龙头企业+家庭农场”新型经营模式，提高农业龙头企业示范带动能力，健全龙头企业、家庭农场、合作社与农户之间的利益分配机制。

（二）加快培育新型农业经营主体的相关措施

1. **重视宣传工作，为培育新型农业经营主体营造良好氛围**

围绕构建集约化、专业化、组织化、社会化相结合的新型农业经营体系，广泛宣传市委、市政府鼓励和发展家庭农场、村办合作农场和“龙头企业+家庭农场”、各类专业合作组织等多种经营主体的政策举措，剖析不同主体发展优势、影响因素和成长规律；挖掘总结各类经营主体通过资本、人才、市场联合重组，谋求规模扩张、产业延伸和功能拓展的成功案例，为培育新型农业经营主体营造良好氛围。通过持续有效的宣传，教育全市广大干部群众充分认识加快发展新型农业经营主体的重要意义及作用，进一步增强广大干部支持新型农业经营主体发展的观念，进一步增强广大农民依法办社的意识，认清形势，统一思想，拓展思路，动员全社会力量更多地关注农业经营主体的改革和创新，将更多的优质资源配置给发展中的农业经营主体，鼓励和支持新型农业经营主体以多种形式参与城市化、工业化和新农村建设，为新型农业经营主体发展壮大提供条件。

2. 加强业务指导，引导各类新型农业经营主体规范发展

市委农村工作部门作为新型农业经营主体的业务主管部门，应切实履行职责，加强业务指导，确保规范组建、规范发展。在组建各类组织过程中，要着重做到遵循基本原则。必须坚持“依法、自愿、有偿”的基本原则，实行“民办、民管、民受益”的运行机制；必须坚持有利于稳定农村土地承包关系、有利于农民共同增收致富、有利于提高农业适度规模经营水平、有利于农村资源要素优化配置的指导原则；必须坚持不得改变土地性质、不得改变土地用途、不得损害农民利益、不得破坏生态环境的底线。要继续开展“五好”示范合作社创建活动，以“示范社”建设为抓手，下大力气培育一批经营规模大、服务能力强、产品质量优、民主管理好的合作组织，引导和带动农村新型合作经济组织规范发展。要严格按章程办事，完善各类主体内部治理结构，充分发挥“三会”组织作用，健全利益联结、盈余分配、监督约束机制。在股权设置上，尽可能公平、合理，防止少数人控股或持大股，促进共同富裕。如对农民专业合作社和富民合作社，明确要求农民成员入股必须占到80%以上，个人单独持股不得突破20%。积极推行“政经分离”，实行村社分账，并加强合作组织财务核算制度建设，提高合作组织的规范化管理水平。积极探索在各类新型农业经营主体中建立党组织。

3. 开展农民培训，完善现代农业人才的培养和储备机制

根据现代农业发展和农民实际需求，全面推进常熟市职业农民培训工作，对农民进行理论与实际相结合、集中培训与现场指导相结合、参观考察和技术服务相结合的技能培训，提高持证上岗农民比例；围绕生产周期和农时季节，促进农业专业合作组织与农业科研单位、农林院校紧密联系，经常性地邀请省、市级农业专家到现场开展种植和水产养殖技术、病虫害专业防治、新农业机械应用等技术培训，重点针对家庭农场、专业合作社、农业龙头企业等新型经营主体的生产和管理人员开展生产管理培训，提高生产主体的农产品安全生产、市场信息把握和风险抵御能力；加快引入和培养一批大中专毕业生成为职业农民，为现代农业发展储备更多“有文化、懂科技、会管理、善经营”的农民企业家人才；建立和完善农业人才储备机制，不断加强人才集聚能力，特别是针对如何吸引青年人才安心从事、长期从事现代农业，建立起行之有效的激励机制。

4. 转变政府职能，大力扶持各类新型农业经营主体

政府要按照“民办、民营、民受益”的原则积极引导和支持发展多种形式的新型农业经营主体。政府职能部门要转变工作作风，逐步由审批、监督、管制向提供公共服务和依法管理方向发展。一是要加大财政扶持力度。市、镇两级财政要设立专项资金扶持农业经营主体的项目建设，银行、信用社等金融部门要积极给予信贷支持，针对新型农业经营主体信贷需求特点，加强金融产品和服务创新，提供各种低息贷款，帮助解决相关组织流动资金不足的问题，以培育壮大并增强各类新型农业经营主体市场竞争能力。二是制定落实税收等各项优惠政策。为进一步促进产业发展，不断发展壮大新型农业经营主体，各职能部门要在税收、注册登记、用地、用电和产品流通等方面制定切实可行的优惠政策。市供销合作总社、市粮食局、市气象局要为各地提供及时准确的农产品仓储流通、天气变化等信息服务，市其他部门要为各类新型农业经营主体的农业生产、加工、销售等环节提供优质服务，从而形成齐抓共管的局面。三是要加大要素倾斜力度。对城乡一体化发展中形成的优质资源应更多地用于各类新型农业经营主体的发展；农村公益事业建设、绿化保洁、物业管理等经营项目，优先发包给各劳务合作社；支持各富民合作社进一步拓展经营范围，从单纯建房出租转向更广的领域发展，使常熟农民走上一条“户户有资本、家家成股东”的新的共同富裕之路。

思考题

1. 在发展现代农业的过程中，常熟市出现了专业合作社、家庭农场、村级合作农场等多种形式、规模不等的农业经营方式和主体。哪一种方式、多大的规模更适合常熟市的发展现状？

2. 为加快常熟市农业经营机制创新，提高农业生产的组织化程度，发展农业适度规模经营，应采取哪些有效举措，着力推进村级合作农场建设？

3. 近年来，常熟市在加快土地流转、发展农业适度规模经营、组建农业股份合作社等方面主要做了哪些富有成效的工作？

4. 结合常熟实际，谈谈如何充分发挥广大农业龙头企业在发展农业产业化和建设农业现代化中的示范带动作用。

第四篇　完善农产品流通体系

摘要：农产品流通是关系农业与农村经济发展的一个重要因素。本篇在明确农产品流通体系内涵的基础上，利用比较分析、实地调研和实证分析的方法，对常熟市农产品流通体系的实践和亮点进行了阐述，重点分析了农产品流通体系建设中尚存在的问题，并对发展和完善农产品流通体系进行了系统性的思考。

文章认为，目前常熟市农产品流通体系存在的主要问题是：农产品流通渠道现代化程度不足，农产品流通主体组织化程度还处于低水平，农产品商品化和标准化水平比较低，农产品批发市场功能不完善，流通服务功能薄弱等。造成这些问题的根本原因是：传统的农业生产方式导致流通体系先天不足，保守的思想观念和分散的小农生产规模，以及其他非价格因素如品牌、质量、包装、服务以及形象等。基于此，农产品流通体系的完善，应该是通过推进并优化流通主体、流通客体、流通载体、流通监管和服务系统，建立现代化的农产品流通体系，以满足农产品生产者、消费者和政府三方面的利益诉求，促进农业和农村经济快速健康发展。

完善农产品流通体系，既是促进农村经济全面发展、带动农民增收的现实需要，也是统筹城乡协调发展、推动城乡一体化发展的客观要求。“三农”问题的核心是农民收入问题。在市场经济条件下，农产品的价值实现必须通过市场或流通体系才能完成。在“产”、“供”都有所保证的前提下，“销”无疑成为农产品能否赢得市场、调整农业结构的基础。毫无疑问，如果“销”的问题不解决，现代农业建设就无从谈起。由于历史和农业本身的原因，农户家庭是农产品生产的主导形式，农产品的生产与工业品生产相比明显要分散得多，也给物流运输和销售带来一定的困难。因此，如何将分散生产出来的农产品及时、有效地销售到消费者手中就成了一个十分重要的问题。从这个意义上讲，农产品的流通决定了农产品的生产。因此，现代农业发展需要与现代化流通体系相配套。没有畅通的、高效的农产品流通体系，就没有规模农业，就没有效益农业，就难以实现农业产业化经营。所以，构建农产品现代流通体系，是推进现代农业的必要选择。

常熟市建立和完善了农产品批发市场，形成了多种经济成分从事农产品经营、无数运销商活跃在城乡市场、多渠道经销农产品的格局，城乡农产品集市贸易迅速发展，市场规模不断扩大，交易方式和市场功能逐渐多样化，不仅有零售和现货交易，还有批发和订单交易，统一的农产品流通市场基本形成。随着经济的发展和人们需求结构的提升，农产品流通体系还需要不断完善。本文在梳理农产品流通相关概念的基础上，结合本市具体情况，针对当前农产品流通体系存在的一些问题，对该课题作思考。

一、农产品流通相关概念

农产品流通体系是指农产品生产出来以后，从生产者向消费者转移的过程中各种产品流通要素构成的有机统一体。农产品流通体系是特殊的流通体系，这种特殊性主要表现在流通主体、流通客体、流通载体，以及监管和服务系统等方面的内涵与其他流通体系有所不同。

（一）农产品流通相关概念

1. 农产品流通主体

农产品流通主体包括农产品的买卖双方。本文主要从农产品卖方角度研究农产品流通体系。文中的农产品流通主体主要包括农业产业化龙头企业、农民个体运销户、经纪人、各类农民合作组织，以及单个农户。当前的农产品交易主体逐步多元化，其中数量最多的农产品流通主体是分散、小规模生产的农户家庭。

2. **农产品流通客体**

农产品流通的客体是指多种多样的农产品。农产品是农业生产的成果，是自然和人工综合作用的产物。本文所指的农产品，是狭义的农产品，仅指常熟市种植业的产品，如蔬菜、水果等生鲜类直接作为最终产品供消费的农产品。

3. **农产品流通载体**

农产品流通体系的载体包括农产品市场体系、农产品流通渠道与流通方式。农产品市场是农产品交易的场所，是农产品经营主体之间实现交换关系的场所，包括集贸市场、批发市场、专业市场、期货市场等在内的农产品市场体系，不同市场之间有机衔接，功能互补，协调联动，是保障农产品顺利流通的基础。

4. **农产品流通监管系统**

监管机构、流通政策是农产品流通监管体系中的主要组成元素。对市场进行监管的目标是维护市场的公开、公平与有序，确保价格稳定，以维护生产者和消费者利益。目前的流通监管机构主要有工商、税务、质检、认证、消协、交通、城管等多个部门。

5. **农产品流通服务系统**

这一系统是为农产品顺利销售提供多种支持的各种服务实体，目的是搞活农产品流通，提高农民收入，扩大农村消费。

（二）农产品流通特点

农产品流通是指农产品生产出来以后，通过商品交换实现从农业生产领域向消费领域转移的全部过程。农产品流通的一般过程是：产地收购→产地市场集散→销地市场集散→城乡商贩零售→消费者，这一过程包含着一系列相互联系、相互影响的环节，每一个流通环节都是独立的经营活动，各个环节又相互联系共同构成完整的过程。农产品流通包括农产品的收购、运输、储存、加工、销售等一系列环节。其中收购是起点，销售是终点，运输和储存是联结购销的中间环节，加工则是农产品收购后销售前改变农产品形态、将农产品由初级产品变为最终产品的重要环节。农产品流通的每个环节在流通中的地位和作用虽然不同，但彼此相互联系、相互制约，只有妥善组织好、管理好每个流通环节，才能顺利完成农产品流通过程，保证物畅其流，更好地促进农产品生产的发展，为经济和社会发展奠定良好的物质基础。

农产品生产的分散性、地域性、季节性、重要性和特殊性，决定了农产品流通具有下述特征：

1. 农产品生产受自然条件影响大

生产供应不稳定，而农产品需求又缺乏弹性，因而农产品供求容易失衡，并由此引起价格波动。由于农业的弱质化和农产品供应关系到国计民生，因此政府对农业与农产品流通进行干预就成为一种必然，稳定农产品价格便成为各国政府调控的一个重要目标。

2. 批发市场在农产品流通中占有重要地位

批发市场是农产品流通最重要的环节。农产品批发市场把多种流通渠道连接在一起形成网络，贯通了城乡之间、地区之间的关系，便利了农商结合、内外贸衔接。批发市场作为大范围、大批量农产品的集散中心，竞价成交产生的农产品价格，能够比较真实地反映农产品的供求关系，为农业生产和农产品购销提供信息和基准价格。

3. 集市贸易是消费者获取农产品的主要场所

通过城乡的农贸市场购买消费品是我国城乡居民取得农产品的最主要途径。近年迅速发展的超市、连锁店农产品营销表明了农产品今后流通的发展方向，但还刚刚开始，尚未成为主要销售渠道。

4. 农产品的运输和销售以自然形态为主

农产品运输和销售一般是保持其收获时的原有状态，清洗、分级、包装和预加工等处理措施较少采用，即使有也只是为了方便运输、减少损耗进行的粗包装。

5. 农民个体是农产品流通的重要力量

农产品流通体制改革后，国有和集体商业在农产品流通中的地位不断下降，取而代之的是大批种养大户、个体运输户以及多种形式的经济联合组织，农民个体是其中主要成分，成为农产品销售的重要力量。由于农产品生产的主要单位是小规模、分散的农户，生产规模小，品种单一，因而流通过程中农户的谈判地位不利，议价筹码不足，从而导致农产品流通主体卖方的弱势化。

6. 农产品流通在批发市场和零售市场以及其他销售方式中，基本是现货交易，即时银货两讫

而在一些产业化组织中农户与企业间存在产品购销契约，农产品购销关系比较固定，商品交换与货款结算之间存在时间差。

农产品流通的上述特征表明，农产品流通有自己的规律性，要求采取与农产品流通相适应的流通形式、流通组织，以调节农产品时间矛盾、空间矛盾、总量矛盾和结构矛盾，要求政府实施合理的干预，以减少自然和市场风险。

二、农产品流通和“三农”发展

进一步做好农产品流通工作，有利于带动农民增收，提高农民的生产、生活水平；有利于规范农村市场秩序，更好地发挥流通在农村经济发展中的先导作用；有利于进一步完善农产品市场体系，推进现代流通方式和新型流通业态的发展，促进农村产业、产品结构的调整，引导农民走产业化经营的路子；有利于促进城乡交流和协调发展，保障市场供应，满足消费需求。

（一）农产品流通的作用

1. 有利于建立农民收入稳定增长的机制

“三农”问题的核心是农民收入问题，农民收入的主要来源是农业生产性收入和非农收入两部分。构建现代化的农产品流通体系，不仅可以实现分散的小生产与集中的大市场相结合，切实解决农产品卖难问题，更重要的是可以建立农民收入稳定增长的市场机制，提高农民生产性收入比重，提高农民的消费能力。

2. 有利于推动农业产业结构战略性调整，实现经济增长模式转型

通过建立并完善农产品流通体系，发挥流通对农业生产的引导、促进作用，不仅可以切实解决农业生产的自发性和盲目性，加快农业产业化、现代化步伐，确保农业和农村经济稳定增长，而且可以推动农村经济结构战略性调整，从根本上转变我国经济增长模式，从而实现可持续发展。

3. **有利于改变农村落后面貌，统筹城乡发展**

即使未来城市化率提高，生活在农村的人口绝对数量仍很多。按照常熟目前70%的城市化率，尚有30万人在农村。这样大的群体生活在农村，要求我们必须坚持科学发展观，把城乡协调发展作为基本国策，因此，通过建立并完善农产品流通体系，搞活农村商品流通，加快农村城镇化的步伐，不断缩小城乡差距，系统解决“三农”问题。

（二）农产品流通相关政策

历年来，党中央及各级政府对“三农”问题都给予了极大关注和重视，并将农产品流通作为解决“三农”问题的重要一环。笔者归纳了近十年来中央及各级政府出台的一系列促进农产品流通的文件，其主要内容体现了中央对稳定农业生产、确保农产品供给以及提高农产品市场流通效率的高度重视。

2004年，国务院办公厅转发商务部等八部委提出的《关于进一步做好农村商品流通工作的意见》，其中明确提出按照统筹城乡经济发展的要求，通过健全法律法规、完善市场机制、培育市场主体、规范市场秩序，加快农村商品流通发展，促进农民增收和农村经济全面发展。

2005年，国务院召开改革开放后的首次全国流通工作会议，并出台《关于促进流通业发展的若干意见》。要求各级政府加大农村市场体系建设的力度，完善农村流通基础设施，推进全国高效率鲜活农产品流通“绿色通道”建设。商务部还布置开展了“万村千乡市场工程”。

2006年，中央要求在新农村建设中要加强农村现代流通体系建设，明确提出要把农村流通设施纳入农村基础设施建设范围。2月，商务部发布《关于实施“双百市场工程”的通知》，重点改造100家大型农产品批发市场和着力培育100家大型农产品流通企业。2006年底，我国第一次就农村市场制定了专项规划——《农村市场体系建设“十一五”规划》，明确提出了“十一五”时期我国农村市场体系建设的具体目标：到2010年“全国县及县以下社会消费品零售总额达到3.5万亿元，平均年增长约10%”；2010年全国农副产品购进额达到2.3万亿元，平均年增长7.5%；2010年农产品在连锁超市、便利店等新型业态中的销售比重，占全部农产品零售额的1/3以上。

2010年10月，农商两部签订《合作协议框架》：加强农产品流通布局和生产布局的衔接，重点支持在主产区和关键物流结点建设若干大型专业性农产品批发市场；互通农产品市场信息，共同维护农产品市场平稳有序运行。

2011年8月，国办发布关于促进物流业健康发展政策措施意见：优先发展农产品物流业，加大政策扶持力度，着力解决农产品物流经营规模小、环节多、成本高、损耗大的问题；加强农产品批发市场、农贸市场的规划和建设；规范和降低农产品批发市场、农贸市场的摊位费等相关收费。

2012年中央一号文件则指出，加强农产品流通设施建设，统筹规划全国农产品流通设施布局。创新农产品流通方式，充分利用现代信息技术手段，发展农产品电子商务等现代交易方式。完善农产品市场调控，准确把握国内外农产品市场变化，采取有针对性的调控措施，确保主要农产品有效供给和市场稳定。

2013年的一号文件则强调提高农产品流通效率。统筹规划农产品市场流通网络布局，重点支持重要农产品集散地、优势农产品产地市场建设，加强农产品期货市场建设，适时增加新的农产品期货品种，培育具有国内外影响力的农产品价格形成和交易中心。加快推进以城市标准化菜市场、生鲜超市、城乡集贸市场为主体的农产品零售市场建设。加强粮油仓储物流设施建设，发展农产品冷冻贮藏、分级包装、电子结算。健全覆盖农产品收集、加工、运输、销售各环节的冷链物流体系。大力培育现代流通方式和新型流通业态，发展农产品网上交易、连锁分销和农民网店。

三、常熟市农产品流通的实践亮点

近年来，常熟市农产品流通体系建设有了较快的发展，已初步形成了以批发市场为中心、城乡农贸市场为基础、直销配送和连锁超市为补充，产区、销区和集散地市场相结合的农产品市场体系。与此相应，许多新型交易方式、新型流通业态纷纷涌现，超市逐渐成为重要的农产品零售渠道。目前农产品流通渠道主要类型有：批发市场＋农贸市场、生产基地＋大型连锁超市、批发市场＋餐饮业、运销大户＋批发商或零售商等多种类型。

近年来，常熟市按照统筹城乡经济发展的要求，以改造提升农村传统流通网络、建设现代化农产品批发市场和培强做大农业流通企业为主抓手，大力推进农村流通现代化建设，抓农产品流通体系建设，积极发挥流通的先导作用，以流通带动和促进农村经济的发展，农产品流通市场数量增加，流通规模扩大，交易水平不断提高，交易方式逐步更新，市场成交额保持良好的增长势头。在参与流通的各类农村市场主体中，相继出现了经纪人、各类农民合作组织等诸多形式的经济组织，形成了多种经济成分的市场流通主体共同发展的态势。经过多年的努力，目前已初步形成了以批发市场和集贸市场为载体，以农民经纪人、运销商贩、中介组织、各类农民合作组织、加工企业、农业产业化龙头企业等多元市场主体参与，以产品集散、现货交易为基本流通模式，以初加工产品为流通客体的商品流通新格局，成为连接城乡之间、产需之间的桥梁和纽带。

笔者通过调研，总结和归纳了常熟市在完善农产品流通体系方面的实践做法和经验：

（一）壮大农产品流通主体，发展农业产业化经营龙头企业，提升农产品质量

要搞活农产品流通，必须培育农产品流通龙头企业。培育农产品流通企业，必须发展农业产业化经营，培育农业产业化经营龙头企业。农业产业化是我国农业经营体制机制的创新，是现代农业发展的方向。农业产业化龙头企业（以下简称龙头企业）集成利用资本、技术、人才等生产要素，带动农户发展专业化、标准化、规模化、集约化生产，是构建现代农业产业体系的重要主体，是推进农业产业化经营的关键。支持龙头企业发展，对于提高农业组织化程度、加快转变农业发展方式、促进现代农业建设和农民就业增收具有十分重要的作用。

经过多年的实践，我国农业产业化快速发展，龙头企业实力不断增强，带农惠农能力不断提高。2012年，常熟市省级农业龙头企业由4家增至6家，苏州市级农业龙头企业由12家增至14家，常熟市级农业龙头企业由34家增至40家。这些企业在发展壮大的同时，扩展基地、联结农户，在农业产业化进程中的支撑作用越来越明显，成为常熟农业发展的佼佼者。在这之中，作为常熟市省级农业产业化龙头企业的常熟市海明现代农业发展有限公司，更加紧跟农业产业化步伐，它们依托自身竞争力主动接轨市场和农户，在农业增效、农民增收中发挥了良好的辐射和带动作用。

常熟市海明现代农业发展有限公司从成立开始，由最初的小面积种植到大面积的生产，由最初的极少个种类到上千个品种，经历了质的超越。经过长期的发展，公司已从事更多品种的蔬菜、水果、谷物种植及畜禽、水产品养殖；通过多方的努力，逐渐完善了集生产、销售、休闲、观赏服务及酒店餐饮于一体的经营模式。公司带动农户实行规模化种植、标准化生产、组织化运作、基地化管理、超市化销售，推进产业化经营。

公司现有蔬菜生产面积3000多亩，已有防虫网设施面积1600亩、钢架大棚设施面积800亩、喷滴灌应用面积2000亩。公司在常熟现有5个基地。一是长江基地。长江基地现有面积2000多亩，其中大棚750亩、防虫网950亩、滴灌1700亩，主要种植蔬菜、水稻，从事禽畜养殖、水产养殖等。二是梅李梅南基地（总部配送中心）。梅南基地现有面积220亩，其中大棚50亩、滴灌180亩，主要从事基质育苗、新品种研究和种植、产品包装加工等。三是尚湖果品基地。尚湖果品基地位于尚湖风景区，主要种植葡萄、梨等，是采摘休闲的最佳场所。四是蒋巷生态园。蒋巷生态园位于蒋巷，主要种植水果黄瓜、樱桃番茄、时令蔬菜等。五是吴祥基地。吴祥基地位于梅李镇长江边，水质优良，基地占地约为500亩，目前以种植水稻为主，通过人工除草、防虫网、生物农药等方式，栽培出优质、清香的谷物。除了基地外，公司带动农户实行规模化种植、基地化管理、标准化生产、组织化运作、超市化销售，逐步形成公司＋基地＋农户的蔬菜产业化经营组织模式。辐射带动周边农户1600多户，面积8000多亩。

公司基地严格按照标准化要求进行生产，企业常年与江苏省农科院、南京农业大学、扬州大学、苏州农业职业技术学院等单位开展科研与技术合作，走科技兴农、创新农业之路，承担完成了多项省市级农业科技开发推广项目。实践中取得了良好的效果：已有33个农产品获得有机食品认证，9个农产品获得绿色食品认证，19个农产品获得无公害农产品认证；公司被评为“江苏省农业生产化龙头企业”、“中国有机食品生产基地”；“海明牌”蔬菜还获得“江苏省名牌农产品”“苏州市名牌产品”称号，并且在“首届中国农产品品牌大会”上被评为“中国蔬菜类品牌十佳”。

目前，公司主要以生产和销售各类蔬菜为主，其销售范围主要以苏州、无锡等地区的大润发大型超市以及周边各大批发市场、酒店、企事业单位食堂等，同时在政府的支持下在城区开设的农产品专卖店和公司开设的酒店销售。自从2001年公司蔬菜进入超市销售，苏州地区、无锡地区等大润发超市的销售蔬菜绝大部分为公司种植提供的，且均为人工种植的无公害绿色食品，现很多瓜果、叶菜类等蔬菜更被评为“有机食品”。2009年公司销售优质蔬菜2000万公斤，销售额6600多万元；2010年销售额突破1个亿，逐步形成企业+基地+农户的蔬菜产业化组织经营模式。

2001年起常熟市海明现代农业发展有限公司的蔬菜进入超市销售，现苏州地区、无锡地区大润发超市销售的蔬菜大部分为该公司种植提供。图为海明蔬菜配送苏州苏福店大润发。

常熟市田娘农场有限公司则是另一种农业龙头企业。该公司由种粮大户高健浩创立于2002年5月。公司是一家集发展优质农产品种植、加工、销售为一体的环保型农业科技企业，率先形成了“公司+若干家庭农场”的新型合作发展模式，实现了农户由分散经营向适度规模经营转变、由非法人型向法人型转变。公司坚持自主创新、科技兴业，与南京农业大学结成紧密的产学研结合体，组建了江苏省级工程技术中心和江苏省有机（类）肥料工程技术研究中心。公司现具备年处理各类有机固体废弃物12万吨，年产有机（类）肥料5万吨的能力，是同行业中规模最大、技术最先进的企业之一。在全国名列前茅、在全省名列第一。每年，都有来自周边地区10家大型养殖场和500多户中小养殖户的10万吨左右的畜禽粪便，1万亩农田中产生的秸秆，以及酿造厂的农产品加工下脚料等农业固体有机废弃物在田娘得到了妥善的处理，变成3万多吨有机肥料，用于30万亩农田的种植生产，生产出4.5亿斤粮食，节约3000吨化肥。同时，田娘有机肥料的使用，带动了农业三品的发展，实现了农产品的优质提效。

公司坚持“科技、绿色、环保、高效”的理念，以田娘有机（类）肥料为基础，以合作社为纽带，以品牌为旗帜，推行标准化高效优质栽培技术，实现农业全产业链生产。大力发展以优质大米为代表的各类优质农产品，满足越来越多人对优质健康农产品的需求，构建绿色农业全产业链，实现农业的可持续发展，提高农产品品质和附加值，实现农民增收和农业增效，走集约化、产业化、可持续发展的循环农业道路。

田娘公司一方面实践先进的循环农业生产方式，另一方面勇于探索，创新经营模式。田娘农场构建的“公司+家庭农场”的运作新模式，充分发挥龙头企业的示范带动作用，组建常熟市田娘米业专业合作社，建设无公害、绿色、有机稻米生产基地，实现了从投入到种植，再到加工销售的农业全产业链，有效提升了农产品的品质和经济效益。农场总经营面积达6800亩。其中，从古里镇坞丘村562户农户处流转土地2050亩，由田娘农场直接经营，同时与周边区域37户家庭农场合作，这37户经营面积近4800亩，每家大都在一两百亩之间。其中1300亩已通过无公害稻米基地认证，500亩已通过有机大米基地认证，5000亩通过绿色食品大米基地认证，具备年产系列优质大米2000多吨的能力。田娘农场对这6800亩地实施“六统一”管理，统一种子、统一机械化育秧、统一病虫害防治、统一技术应用、统一标准化生产、统一品牌销售。大米生产出来之后，田娘农场有限公司统一收购，打上“田娘”商标销往市场。

“田娘”牌有机大米市场零售价最低每斤3.5元，最高每斤45元。田娘系列大米定位中高档，已成功打入常熟市常客隆连锁超市、苏州市绿色食品展销中心等大型超市、商店，受到了广大客户的一致好评，成为地产优质大米的一个典范。近年来，为构建更大的产业链，“田娘”北上佳木斯，成立了“富锦市田娘水稻专业合作社”，以优质有机肥料及标准化的种植技术为基础建立了田娘优质东北大米基地。目前基地规模3万亩。田娘优质东北大米基地的建立实现了江南鱼米乡与东北大粮仓完美结合，来自绿色粮仓的优质东北大米将印上“常熟田娘牌”。田娘公司以有机肥料为基础，发展优质农产品全产业链经营的模式，将为农业的发展起到非常好的示范带动作用。

（二）完善农产品载体建设，多元化建设农产品营销渠道

常熟市近年来在推进农产品现代流通体系上，围绕提高市场交易主体的组织化、交易商品的标准化和交易方式的现代化等方面进行了积极探索。

一方面，大力改造提升有形市场。农产品批发市场作为农产品流通的主要载体，承担着农产品流通主流渠道作用。首先，以产地批发市场曹家桥蔬菜批发市场为例，董浜镇东盾村以蔬菜种植业为主导产业，蔬菜种植面积达4629亩，占全村耕地面积的90%，主导产业产值占全村农业总产值的63.67%，从事主导产业生产经营活动的农户数占村农户总数的95.52%。东盾村成立蔬菜农民专业合作社，村里与江苏东盾木业集团合资建办曹家桥蔬菜冷链配送中心和曹家桥产地蔬菜专业批发交易市场，实现与龙头企业和专业批发市场的有效对接。村里生产的蔬菜依托曹家桥批发市场，通过冷链销往本市和上海、苏州等地，其中订单生产量占总产量的55.19%。全村农民从事蔬菜生产的收入占家庭经营收入的比重超过65%，村农民人均纯收入高出董浜镇农民人均纯收入21.87%。该村拥有的“曹家桥”牌蔬菜先后有14个品种通过无公害食品认证，2个品种通过绿色食品认证。村域蔬菜种植区已全部通过蔬菜无公害生产基地认证或绿色食品生产基地认证，其中无公害农产品认证基地2219亩、绿色食品认证基地2410亩。其次，以销地批发市场常熟农副产品交易城为例，原址的农副产品交易城不能满足现阶段的发展需要，市场迁建工作自2010年8月正式启动，2012年10月以全新的功能、设施正式启用。农副产品交易城占地面积120亩，总投资2.5亿元，总建筑面积6.6万平方米。与原来的老市场相

比，新的交易城不仅软硬件设施有了全新提升，而且增加了交易的品种，设有蔬菜、水果、水产、肉禽蛋、冷冻荤食品、粮油、副食品七大商品交易区，交易能力大幅提升，能够更好地满足广大市民的“菜篮子”需求。为确保农产品交易质量，市场还投资建立农产品质量检测室，配备专业检测人员，即时监控农产品质量，建立了一个农产品质量检测室，配备3名专业技术人员，开展农产品质量检测，对不合格的产品予以销毁，保证交易的农产品符合质量要求。交易城内所有客户资料、经营户信息、商铺承租信息、交易规费等都实现电子化管理。

常熟市曹家桥冷链物流有限公司，有储藏库、冷藏冷冻、配送、信息网络系统、质量检测与运输等六大功能，全面启动农副产品收购、加工和向常熟市内外各超市、商场及企事业单位配送、运输、分销。

另一方面，开展了农产品网上促销，利用中国农业信息网“网上展厅”和“一站通”农村供求信息全国联播系统、中国农产品供求信息网、江苏农业网、江苏农业商务网以及常熟市农业信息网等政府、公益性信息网站和“三农”热线服务电话等，查询农产品购销信息，发布价格信息、产销信息，宣传常熟市现代农业产业情况和农产品经销企业情况，提高常熟特色农产品知名度，增强了网上营销效果。以“常熟市农业信息网”为龙头，上连苏州、江苏省农业信息网，横接各兄弟县市农业部门，下连各农业企业和农产品销售企业网络站点，构建具有较强支持功能的农业信息服务网络平台，促进了农产品营销。随时掌握各种农产品价格和销售情况，定期发布常熟农产品价格信息。据不完全统计，全市一半以上的农业龙头企业已经在常熟市农业信息网上注册网上展厅，发布各类产品信息已达200多条，网站相关信息点击访问量达4000多次，企业形象及产品信息得到充分展示。为了加快农产品网上营销市场的推广应用，农村信息员队伍不断壮大。常熟市农业部门采取多层次、多种形式对镇、村农业信息员，农业龙头企业，农产品批发市场，农民专业合作经济组织，农村经纪人，种养大户，信息需求量大、接受能力和分析鉴别能力比较强的农产品主产地，农业科技示范园区进行计算机基础知识和网络技术及网上交易技巧等方面进行了培训。

以董浜镇为例，董浜镇产品营销网络化以市场为导向，有意识地用管理思维经营农业，实现“种”与“销”的无缝对接，提高农民组织化程度与市场谈判能力。一是打造农企对接平台。依托里睦村、东盾村与常客隆公司、东盾木业公司结对契机，鼓励民资参与现代农业发展项目，实现合作共赢。合作建设了曹家桥农副产品交易中心冷链配送中心，形成农产品收购、包装、加工、冷藏、配送一体化的产业格局，通过专业合作社将农民与市场联结，拓展了农民的销售渠道。二是建造农超对接平台。与常客隆等超市建立合作关系，实现蔬菜基地直供，减少流通环节，加强物流配送，保障农民的种田收益，直接让农民与投资各方分享到了农业产业链延伸带来的经济效益。三是打造农校对接平台。与苏州大学等机构建立了配送关系，将新鲜优质的绿色蔬菜直供学校食堂，同时也拓展了蔬菜的稳定销售渠道。四是打造农网对接平台。与苏州报业集团豹团网建立长期合作关系，实现农产品网上直销。同时，与苏州南环桥批发市场合作，设立地产农产品专营区，开展地产农产品的批配业务，尝试农批对接。

2013年6月开始，江苏新合作常客隆连锁超市有限公司负责实施的家易乐生鲜直投项目已使常熟市多个小区居民在网络购买新鲜菜蔬。该项目将曹家桥蔬菜和常客隆紧密融合，立足家庭生鲜农产品的供应和需求，以新的OTO商业模式为载体，由农业生产基地直供地产生鲜产品到社区，实现了从农产品基地到餐桌全程监控质量，全方位保障食品安全。网站提供1200多种产品，涵盖蔬菜干货、精品水果、水产海鲜等十数个种类。其中最有特色的是生鲜产品服务。居民选定产品后，常客隆将田头基地产出的新鲜农产品，经过分拣后用冷藏车全程直达社区的生鲜直投站，居民可以根据自己的需要提交订单，并选择合适的配送时段与取菜时间领取新鲜的蔬菜等生鲜产品。

四、农产品流通中存在的问题分析

综上所述，常熟市在农产品流通方面取得了一些成绩，凸显了不少亮点，但也存在诸多不足，如农产品流通体系不健全、市场引导生产的能力低下，并导致农产品卖难、农民增收缓慢等一系列问题。农产品流通问题已成为当前制约农业和农村经济发展的一个重要因素。现代农业呼唤一个现代化的农产品流通体系，通过加强农产品的流通，带动农业结构的调整，让流通产业成为带动农业、农村发展的先导力量。现在的农产品流通体系还远未能满足社会和经济发展的需要，不能适应人们在经济水平提高后对生活质量更高的要求，尤其是随着农业产业化的不断推进和城市居民消费日益多样化，农产品超市异军突起，居民食品消费对卫生、安全、便利等方面要求越来越高，对我国传统的农产品销售及流通方式带来严峻的挑战。农产品流通体系存在着一系列亟待解决的问题，主要表现在以下几个方面：

（一）农产品流通渠道现代化程度不足

经过多年的发展改革和建设，常熟市已经形成了多种流通渠道、多种经营方式的流通市场体系，但仍未超越以传统流通业态为主的市场格局，农产品流通渠道现代化程度不足。通过笔者的调研和访谈，其主要表现归纳为以下几个方面：一是目前的农产品流通的组织发展仍显滞后，零售网点多，连接产地和销地的批发市场功能单一；二是农民家庭自产自销、直接交易居多，组织起来开展合作运销与消费的合作组织缺乏；三是商品流通方式落后，传统的流通方式多，新兴的流通方式少。虽然在这方面一直在努力也初步取得一定的成绩，但对于面广量大的市场而言，农村现代物流体系尚未形成。由于农产品的销售过程中缺少现代化流通方式支持，农产品流通面临着流通损耗率高、流通环节多、流通耗时长、流通渠道不畅等问题。

(二)农产品流通主体组织化程度还处于低水平

多元化的市场主体已经形成,但农产品流通主体的组织化程度不高。目前我国农产品流通主体主要有三类:农民主体、中介主体和企业主体。农民主体在农产品流通过程中主要存在以下两个问题:一是农户组织化程度低。参与到流通活动中的农民是分散的、小规模的,分散而弱小的农户在面对其他市场主体进行讨价还价时始终处于弱势地位,限制了其抵御市场风险的能力;规模小、实力弱,农民进入流通领域基本上是散兵游勇、"提篮小卖",其抵御自然风险和市场风险的能力薄弱。由于组织程度不高,使得谈判缺少话语权,规避风险的手段也不成熟,造成了产品销路过度依赖单个买方的现象,这给合作社自身带来非常大的交易不确定性。二是市场组织化程度低。数以百计的农村经纪人、运输大户、个体商户经产地收集、运输、批发和零售到达消费者。据资料,董浜镇常年活跃着200多名农民经纪人和1000多名农民从事蔬菜购销,农民经纪人虽然在农产品流通过程中发挥了巨大作用,但是,他们的合作组织化程度不高,合租范围有限,难以取得规模效益。由于农户组织化程度低,在市场上处于不平等的地位的格局没有改变,受中间商贩所左右,因而导致鲜活农产品流通领域经常会出现"两头叫、中间笑"的现象。

(三)农产品商品化和标准化水平比较低

农产品供应、销售不稳定,农民收入难以提高的一个重要原因是农产品流通过程中仍以初级品、低档品偏多,高档品、高附加值、高科技含量产品偏少,商品化、标准化水平偏低,分等、分级、分类和包装差,损耗率高,品牌少,进入超市销售的商品化率很低,农产品加工转化率低,且深、精加工食品比例过小,影响农民收入增长。农产品加工转化率仅为30%左右,且深、精加工食品比例过小,农产品加工增值效益比较低,加工链条短,抑制了农产品的市场化水平,制约了农民增收。农产品销售往往只注重价格因素,而忽略品牌、质量、包装、服务以及产地形象等非价格因素,竞争力不强。

随着经济社会的发展,人们的生活方式日趋多样化个性化,消费趋势正从温饱型向营养、健康、时尚型演进。一方面农产品积压,另一方面消费需求得不到满足，农产品供需矛盾突出。初级产品、单一产品很难满足消费者的需求。发达国家农产品在超市销售的比例超过70%，美国、德国达到95%，我国平均只有6%左右。专家测算，我国蔬菜和水果采摘后损耗率高达25%—30%，经济损失超过1000亿元，而发达国家损耗率在5%以下，美国仅为1%—2%。由于损耗率高、商品化率低，每年价值约2000亿元左右的农产品没有转化为农民现金收入，相当于全国农民人均少收入450元。

（四）农产品批发市场功能不完善

农产品批发市场作为农产品流通的主要渠道，具有集散商品、形成价格、传递信息、提供服务的功能，对解决农产品"卖难"问题起着重要作用。农产品流通模式仍处于现货交易的原始集散阶段，集贸市场仍是农产品流通的主渠道之一，由于缺乏配套的冷库和产品加工业，上市农产品必须当日售完，否则就会失去原有的鲜美度，商品品质难以保持而造成损失和浪费，成交价格完全取决于供求状况，价格波动较大，增加了风险成本。农产品连锁、超市、配送经营、电子商务等现代流通方式刚刚起步，覆盖面窄，农村市场实行连锁经营的交易额占农村总交易额的比重不足10%。绝大多数农产品要经过三到四级批发，才能到达消费者，增加了流通成本。同时，由于农户与中间商之间的信息不对称，农户难以获得平均利润。

（五）流通监管乏力，服务功能薄弱

农户在物流仓储、咨询培训、信息法律等方面的服务需求都难以满足。由于缺少一个连接市场、政府、生产者、消费者等之间的现代化农产品流通信息网络，使得市场供求信息不能有效传递，从而造成市场供求信息指导生产与消费的作用不能有效体现，造成了农产品生产的盲目与滞后。农户难以对市场做出及时准确的判断，常出现"什么价高抢种什么"的局面，造成农产品过剩，流通不畅，出现农产品周期性卖难问题。一部分农产品市场虽然建立了信息网，但市场信息仅属于不同的地方和部门，没有实现资源共享。由于缺乏必要的农产品服务，农户的生产规模难以扩大，农产品的生产受自然条件的影响非常大，"丰产不丰收"、"欠产歉收"现象仍比较普遍，农民靠天吃饭的状况没有根本的改变。

同时，随着食品安全问题的重视而凸显出来的农产品的农药残留检测工作滞后，缺乏必要的检测设备与手段，流通中监管乏力。

农产品流通多是以自然形态运销，这种不合理的货物运输和物流模式直接增加了城市生活垃圾、加重了大气污染。农产品尤其是其中的蔬菜，其相当部分的根须、老叶、皮壳等不能消费，一些蔬菜还携带泥土，农产品中不能消费的这些废弃物，含水高，易腐败变质，污染环境，滋生细菌，繁殖蚊蝇，传播疾病，这些构成了城市生活垃圾的一大部分内容。

当前，农产品流通中存在的问题，究其根本原因，是受到传统观念影响，各级政府普遍重视工业轻视农业、重生产轻流通、重城市轻农村，结果形成我国典型的城乡二元制社会结构，农业、农村、农产品流通工作长期边缘化。

1. 落后的农业生产方式

农业生产投入大、周期长、收益低，受自然条件的影响比较大，产出率和商品化率低下，因此，各级政府长期把提高生产能力当作工作的重点，专门为大规模商品化生产解决销路的流通体系建设未放上应有的重要位置，流通业一直处于从属地位。新中国成立后直至改革开放初期，为了满足工业生产需要以及保障城市居民生活必需品供应，国家一直对粮食、棉花、油料等主要农产品实行统购统销政策，使得农产品流通长期处于消亡状态。改革开放解放了农村生产力，但是家庭承包式经营导致农产品小规模生产，小范围流通，散兵游勇、提篮小卖，农产品流通体系成为落后的代名词。落后的农业生产力成为制约农产品流通体系发展的决定性因素。

一方面，我国以家庭联产承包责任制为主的小生产方式，使得我国农业生产者比较分散，生产者供给的不集中增加了收购成本及交易费用。另一方面，我国农产品流通环节不够规范且没有实现规模经济，物流环节多、路线长、多次装卸搬运和包装，中间损耗大，因此增加了流通成本。农产品从农民手里最终到消费者手中要经过一级批发市场、二级批发市场、集贸市场或超市等，导致流通成本的提高。农产品价格上涨并没有带动农民增收，原因就在于农产品流通的中间环节过多，流通过程中的利益分配出现“两头叫、中间笑”的现象，中间商获得较大的利润。

2. 泛市场化取向的改革，导致流通体系先天不足

随着改革开放和农村生产力的解放，农产品出现了剩余，客观上需要现代化的流通体系解决农产品销路。国外的经验证明，农产品流通需要政府以及相关部门，将政策扶持、财政补贴、信息引导、技术服务、物流配送等服务体系作为公共物品，提供给弱势化的农产品流通以扶持其发展。但是，我国在推进社会主义市场经济体制的过程中，泛市场化的趋势导致各级政府不同程度地忽略了在推进农产品流通体系建设方面政府应扮演的角色，职责发挥失当，结果导致农产品流通体系的不配套不完善，阻碍了农产品流通效率的提高。

3. **保守的思想观念和分散的小农生产规模**

农民普遍存在小农经济意识、“小富即安”、小进则满和自我封闭等种种不适应市场经济的思想和观念，缺乏市场经济所要求的开放意识、市场意识、竞争观念、效益观念，因此，真正符合市场经济要求的农产品流通主体不多，与此相适应，农产品流通载体的市场体系规模小、功能差、效率低，更遑论成熟的监管与服务体系了。

农产品生产经营的基本单位是分散的小规模农户家庭，生产决策主要依靠经验，产品单一趋同。由于大规模的土地流转还未开始，农户承包的土地面积小，块数多，地块分散，既不利于耕作方式的改进，也不利于专业化经营，更难以创造规模效益，大规模的商品生产和交换还没有成为普遍的状态。再加上提篮小卖、散兵游勇的小范围流通，农户不但不能在交易中实现农产品价值，而且往往因为急于抛售为数不多的农产品而竞相压价，最终导致农产品流通效率低、效益差、农民增收困难。农产品的市场竞争能力除了价格因素外，非价格因素如品牌、质量、包装、服务以及产地形象等也是重要内容。我国农产品的大生产、大市场基本形成，但农民长期以来重生产、轻流通，缺乏商品意识，缺乏现代营销观念，不向外发送产品信息，不强调商品包装，不重视品牌开发，优势没有充分发挥出来。

五、提高农产品流通效率前瞻与探索

建设农产品现代流通体系是发展现代农业的重要内容。只有建立起高效畅通的农产品流通体系，切实增加农民收入，“三农”问题也才有可能解决，从而真正实现城乡协调发展。

如何使流通业成为国民经济发展的“加速器”而非“瓶颈”，是所有流通领域改革和创新的基本目标。从我国农产品流通的实践来看，建立健全并优化农产品流通体系的总体目标应该包括三个方面：一是保障农民的经济利益，直观地表现为农产品生产者销售收入的持续增加；二是满足消费者需求，确保消费者方便地买到价格合理、品质安全有保障的农产品，这表现为农产品的供应保证；三是政府监管目标，稳定市场价格，规范市场秩序。三者之间存在着内在的有机联系。

加快农村现代流通服务体系建设的总体构想是通过建设现代化的农产品流通体系满足生产者、消费者和政府三方面的利益诉求。所谓现代化的农产品流通体系，具体来说，即围绕增加农民收入的任务，以提高流通主体组织化程度为重点，以优化、完善市场体系为方向，改善市场环境、规范市场秩序、整合流通资源、创新流通机制，建立起城乡协调、市场统一、功能完善、流通有序、高效畅通的农产品流通体系，促进农业农村经济快速、健康发展。笔者结合实际，根据以上对农产品流通现状、问题的分析，农产品流通今后将出现产业化、标准化、品牌化、规模化，下面谈些粗浅的看法。

（一）提高农产品流通主体组织化程度

培育流通主体是改善农产品流通的关键。农产品流通产业化就是把农产品流通向前延伸到农业生产过程，向后延伸到商品销售领域，组成一个产业链，使农产品流通由单纯的农产品运输、集散功能扩展为流通加工、包装、储存、运输、配送以及农产品生产和销售中的技术、信息服务，调控农业生产和农产品销售。农产品流通企业通过产业化，可以降低交易成本，减少产品损耗，缩短流通时间，提高农产品质量（新鲜度），获取更多利润。产业化将成为农产品流通企业发展的方向。鼓励农民、涉农企业、流通企业等多种农产品流通主体介入农产品流通，促进农产品流通领域的竞争，尤其要提高农户个人的组织化程度，提高其谈判地位。日本的农协、法国的农业合作社，以及法国就地加工的纵向一体化模式都是培育和壮大农产品流通主体方面的成功经验。

第一，引导农民建立专业协会及各种合作组织，以购销大户和农民经纪人队伍为补充的农产品流通主体新格局，解决好分散经营的农民顺利进入和不断拓展市场的问题，提高农民的组织化程度，从根本上克服分散的小生产和大市场之间的矛盾，以提高农民的谈判地位，增强抵御和防范市场风险的能力。

第二，发展农村合作经济组织，提高农民进入市场的组织化程度。以农产品为纽带，大力发展农民专业合作组织和农产品行业协会。鼓励农村能人大户、龙头企业领办新型合作社，把从事相关产业、产品的农民组织起来，统一生产标准、统一技术服务、统一品牌销售，引导农民专业合作社逐步向股份合作制转变，鼓励以资金、土地等多种形式参股，形成紧密的利益共同体。指导农民专业合作组织建立健全组织管理机制、利益分配机制、监督约束机制和外部管理机制，促进其规范、有序、快速发展。

第三，积极支持龙头企业、农民专业合作组织在自愿互助的基础上，建立农产品行业协会，实行行业自律，政府可赋予其必要的管理职能，如市场信息发布、政策法规咨询、市场价格协调、纠纷调解等，降低农产品的交易成本和市场风险。

第四，大力培育、发展、规范农村经纪人队伍。鼓励发挥农村生产和流通能人大户的带头作用，发挥他们在信息交流、价格协调、专业培训、市场营销等方面的积极作用。重视农产品流通人才的开发。农产品流通人才作为重要的人力资本，发挥着信息预测、市场对接、生产引导等积极作用。近年来我国农产品流通人才的开发有了一定发展，如农村经纪人、农业专业合作社对现代农业、农产品现代化流通都起到了一定的推动作用。但目前仍然存在一些问题，重视流通教育培训，建立流通人才开发战略，通过发展教育事业，组织系统的职业培训，提升农民从事农产品流通的技能与素质。

（二）提高农产品品质

围绕农产品质量高品质化，推进农产品成品化、品牌水平和终端销售超市化，是提升农产品竞争力的主要路径。持续不断地提高农产品品质，使上市农产品做到卫生、安全、营养是客户的基本需求。农产品品质水平的提高主要依靠以下几种途径：

第一，要求生产绿色化。通过改善生产条件，减少农产品生产过程中化肥、农药的使用，降低农药和有害化学物的残留，使农产品生产做到绿色化、无公害化、生态化。农产品采摘后，通过分拣、分类、分级，对产品实现初加工，设计适宜的包装物，减少损耗，减少二次污染和流通费用。采用现代的包装技术，以延长农产品的保质期，提高农产品的质量。大力推行绿色物流，通过冷链系统，减少仓储、运输、销售过程中农产品品质的下降。

农产品流通“绿色”化就是开展绿色流通，以绿色文明为方向，以环境保护为目标，直接或间接促成污染消减的环保型农产品流通过程。农产品绿色流通，一方面指经营无公害农产品，引导农业开展绿色生产；另一方面指通过科学化的物流设计、管理和实施，使农产品运输、包装和分销方案合理化、最优化，运输包装重复利用，销售包装无害、易处理，减少空载，提高效率，降低对农产品污染以及对环境的污染。绿色流通是经济可持续发展的要求，农产品流通“绿色”化迎合了经济发展的潮流。

第二，推进农产品品牌化。品牌是质量和信誉的象征，具有品牌的农产品社会需求不断增加，市场竞争力将不断增强。我国现有农产品尤其是不需加工直接消费的农产品，因其生产规模小、缺乏包装等原因，产品特征表现不明显，多数没有形成品牌效应。农产品流通企业要通过产业化、标准化、规模化经营，注册商标，主动开展品牌运作，让普通商品品牌化，形成自己的独特商品，掌握市场主动权，赢得消费者，把市场越做越大，推动企业发展。实行品牌化的农产品，通过稳步提升产品质量和品牌定位与宣传，可以实现农产品销售竞争差异化、质量标准化、目标市场忠诚化、产品责任归属清晰化，并可获得较高的品牌溢价，实现农产品价值增值，是提高农产品竞争力的一个重要途径。打造品牌农业，还可以提高农产品的国际竞争力。

第三，提高农产品成品化。通过对农产品进行深加工，适当延长加工产业链，既方便储存、运输，减少流通费用，又方便销售，便于消费，更重要的是可以大幅度提高农产品的附加值。以玉米为例，散装玉米粮食、初加工的肯德基（KFC）精包装的煮玉米棒和以玉米为原料进行深加工而提取的谷氨酸、赖氨酸，其价格悬殊可达上千倍。

第四，农产品流通标准化。农产品流通标准化就是在农产品采摘、收获或屠宰、捕捞后按一定标准对农产品进行处理后，使之适合商场销售，便利储藏、消费。我国近年来超市、连锁店、连锁便利店等新型零售业态大批涌现，遍布城市，成为消费者购买日常消费品的首选场所，农产品在其中的销售量也不断增加。农产品流通标准化使农产品商流与物流得以分开，适应了农产品销售的变化，将促进农产品流通的发展。推进终端销售超市化，通过减少流通环节，将经过分拣、分类、包装后或进行深加工后品质优异的农产品，以品牌化的形式进入大型零售企业的采购系统，实现销售终端的超市化和流通范围的广域化，从而实现比初级产品、当地销售更大的价值增值。

（三）加快农产品流通基础设施建设

第一，继续加大“村村通”建设，改善交通、通信等基础设施，构建发达的农产品信息、运输网络。大力发展农产品加工、配送中心，提升产地农产品批发市场水平，丰富其功能。加强农产品新型储藏、运输工具和设备的开发生产，尤其是农产品流通的冷链物流技术，建设农产品冷链体系，减少农产品损耗，提高农产品的新鲜度，提升农产品品质。把农产品批发市场信息化建设作为提高农产品流通效率的关键来抓。

第二，优化以批发市场为中心的农产品市场体系。加强农产品批发市场的建设，特别是产地批发市场建设，以批发市场企业为龙头，一方面向生产领域延伸，将生产基地、加工企业及储藏、保鲜、运输等环节联为一体，实行后向一体化，从农民手中收购农产品，进行精选、分级、包装、加工；另一方面向消费领域延伸，将批发、拍卖、零售、直销、运送等环节联为一体，实行前向一体化，同时与销地批发商、零售商及消费者通过合同关系形成协约一体化，通过发挥市场经营性企业的龙头作用，强化批发市场的引导生产、价格生成、大批量流转的作用。发挥批发市场和物流中心大规模集散的优势，彻底改变“散兵游勇”、“提篮小卖”的落后的交易方式。借助连锁超市的配送中心和分销网络，促进农产品生产和销售。

第三，加强终端销售，创新流通方式。大力发展食品超市、生鲜超市等新型零售终端，提高超市中生鲜食品的经营比重，扩大经营规模。鼓励和引导农产品批发市场、加工企业直接向超市、便利店等配送产品。支持超市、便利店与农产品生产基地建立长期紧密的产销关系，建立农产品“从农田到城市”的直达快速绿色通道。在继续坚持面对面、现货交易的同时，大力发展订单销售、拍卖制、连锁经营、期货交易等现代流通方式，逐步把电子商务和物流配送作为扩大农产品流通的突破点，可以试着逐步引导农民上网寻找买主、寻找销路，降低交易费用，拓展农产品销售范围。

一方面，加强冷链系统建设。商务部一直把冷链系统作为农产品流通体系建设的重点。2012年中央一号文件中进一步提出加快发展鲜活农产品连锁配送物流中心，建立一体化冷链物流体系。对于农产品而言，尤其是生鲜农产品，构建加工物流一体化的物流中心，能够减少流通环节，确保农产品的新鲜优质，实现农产品的快速高效配送。物流中心具有较大的规模与辐射能力，可以同时为多个上游及下游环节提供物流服务。通过物流中心联结供应链上下游环节，能够大大提高农产品物流配送效率。

另一方面，积极发展各种直销形式。比如开展“农超对接”。就目前已实施农超对接的大型超市反馈来看，实施农超对接后，农民销售农产品价格平均提高约15%，超市的售价下降15%，既促进了农民增收，也保证了城市居民的食品安全。随着其优越性的逐渐显现，“农超对接”也越来越受重视并得到政府的大力扶持。为了更好地发挥“农超对接”在降低农产品流通成本、提高流通效率方面的作用，政府要通过适时的宏观调控，引导流通领域，规范其经营、规范其收费，为其降低中间环节费用，为农产品直销企业的进入创造便利条件；政府还应积极扶持产业集聚，提高农业组织化程度，在政策上、资金上给予扶持，用农业产业规模化及生产者的组织化，来提升生产者在流通领域的地位。只有这样，农产品直销企业才能公平参与到多种形式、多种业态的农产品流通竞争中去，在减少流通环节、降低流通成本上发挥作用，让消费者买到更加质优物美的农产品，同时也让生产者在受惠中不断提高组织化和规模化程度，形成农产品生产和销售的良性循环。

再如，发展农产品平价直销店。采取社区农产品平价直销店、超市、农贸市场平价直销区等形式，按照农民专业合作组织设立的农产品平价直销店经营面积在50平方米以上，大型超市内设立的农产品平价直销区经营面积在100平方米以上，超市便利店内设立的农产品平价直销区经营面积在50平方米以上，农贸市场内设立的农产品平价直销区经营面积在50平方米以上，以农产品集贸市场形式设立的“平价市场”经营面积在1000平方米以上的标准，建设农产品平价直销店。

（四）完善农产品流通法规体系，加强农产品流通市场的管理

加强政府在农产品流通体系建设中的作用，完善农村流通市场体系的配套设施，加大财政、金融对农村建设的支持力度，实行税收优惠政策，加大财政扶持力度，加强信贷支持。加大对农村流通市场的法制管理力度，尽快建立和完善农产品流通的宏观调控体系，出台相应的法规、政策，规范农产品流通行为，打破地区分割和行业封锁，为跨行业、跨地区、跨部门的商品流通创造良好的体制环境和条件，促进全国统一、城乡一体的流通市场的形成，推进农产品流通体系的发展。

第一，健全农产品流通主体的法规，确保农产品流通正常运行。通过健全的法规为农产品市场主体提供完善、可靠的保障，提高农产品交易的组织化和制度化，提高农民进入市场的合约化和组织化程度，降低农产品经营的风险与盲目性。

第二，加强流通监管与服务体系建设，规范流通秩序。由于农产品生产的自然经济特性，再加上农产品市场发育不完善，农产品流通具有明显的波动和风险特征。要摆脱这种困境，仅仅依靠农民自身的力量是无法解决的，必须通过政府加大市场监督检查，提高对农业生产资料和农产品质量检测的技术水平，改进检测手段，严格市场执法，坚决打击各种坑农、损农的市场欺诈行为，以规范农产品市场秩序来维护广大农产品生产者和消费者的利益，此外，进一步加强农产品市场价格监管。

第三，加强农产品流通信息化建设。加快农业信息服务体系建设，建立和完善农产品供求信息，发布有关的政策法规、统计数据、市场动态和预测预警等信息，这样就可以在很大程度上消除因信息不对称带来的农产品价格异常波动，指导农民科学生产。搭建农产品物流信息平台。利用现有设施建设农产品信息预测中心和农产品信息发布中心，提供预测常熟农产品的市场供求趋势，发布全国主要农产品市场的最新农产品价格动态和市场走向，发布各行业协会、流通企业、专业合作社、流通大户农产品供求信息，协助沟通行业协会、流通企业、专业合作社、流通大户之间的横向联系。

思考题:

1. 在现行农业经营方式下，如何提高农民的组织化程度，提高农产品竞争力?

2. 在当前适度规模经营和一家一户的农业经营模式下，如何提高农民发展现代农业的积极性?

3. 如何进一步完善农产品批发市场的服务功能? 通过信息来引导农民调整种植结构，通过法律法规引导良性竞争?

4. 如何通过农产品流通渠道建设来加强农产品质量控制，保证农产品质量安全?

第五篇　持续发展壮大村级集体经济

摘要：推进常熟城乡发展一体化，既要持续发展民营经济，也要科学发展集体经济，为加快城乡一体化进程提供雄厚的财力支撑。常熟市城乡发展一体化实践中，村级集体经济发展有政策、有实践、有创意、有成效、有实力。同时，常熟村级集体经济发展面临诸多的发展瓶颈与现实约束。要在已有发展成果的基础上，总结经验，提高认识，加强规划，全面扶持，鼓励创新，破解难题，强化服务，健全机制，以更好地促进村级集体经济的持续健康发展。

改革开放30多年来，在农村经济体制改革的大力推动下，常熟农村经济社会发生了前所未有的巨大变化，村级集体经济也经历了一个在改革与发展的互动中不断壮大的过程。特别是进入新世纪以来，常熟各镇、村坚持把发展村级集体经济、壮大村级经济实力作为农业和农村工作的首要任务，统筹城乡发展，创新体制机制，村级集体经济的转型升级和富民强村步伐均走在全省前列，呈现出持续、快速、健康发展的良好势头。如今，常熟村级集体经济在经过了多年的发展和积累后，已经站在了一个新的起跑线上，进入了一个新的发展阶段，既有许多良好发展机遇，也面临着许多新的困难与挑战。因而，从理论与实践结合的角度，认真总结常熟城乡一体化过程中村级集体经济发展的成就与经验，剖析村级集体经济进一步发展所面临的困难与制约因素，务实探索有效发展村级集体经济的现实途径，对于常熟加快城乡发展一体化进程、加快基本实现现代化步伐，更好建设“实力常熟”、“幸福常熟”、“美丽常熟”，具有重要的现实意义。

一、常熟村级集体经济的现实背景

常熟市，作为全面小康社会建设率先达标县市，如何加快城乡发展一体化进程，更好地实现富民强市目标，这是当前常熟各乡镇干部和群众正在积极探索并实践的重大课题。常熟市委、市政府在新农村建设实践中，积极探索发展村级新型集体经济，切实提升农村土地的产出效率与社会效益，为“苏南模式”注入了新鲜内容、增添了新的活力。

关于我国农村改革与发展的目标，邓小平同志认为有两个飞跃。第一个飞跃，是废除人民公社，实行家庭联产承包为主的责任制，坚持长期不变。第二个飞跃，是适应科学种田和生产社会化的需要，发展适度规模经营，发展集体经济。常熟市在城乡发展一体化实践中，积极探索发展村级集体经济，正是为了在区域率先基本现代化进程中寻求并加快实现邓小平提出的“第二个飞跃”。

党的十八大报告在部署经济发展时，首先强调的是“两个毫不动摇”，即“毫不动摇巩固和发展公有制经济”，“毫不动摇鼓励、支持、引导非公有制经济发展”。在论述推动城乡发展一体化时，又强调“壮大集体经济”与“培育新型经营主体”。就常熟农村发展的现状看，民营经济发展活跃（民营企业兴办户数、注册资金量与著名商标量列江苏全省之首），集体经济也开始加快发展，加上开发区强劲发展的外资经济，呈现“三足鼎立”的发展态势。但相比而言，常熟总体经济格局中，集体经济是相对最弱的“一足”。城乡发展一体化，既要充满活力的家庭农户细胞，也需要拥有实力的村级集体依托。常熟新农村建设成果要进一步显现，全市基本实现现代化的达标率要进一步提高，事实上也迫切需要农村集体经济得以进一步的发展壮大。

为推进新农村建设，常熟市委在领导完成农村乡镇企业二轮改制的基础上，一手抓民营经济发展，一手抓集体经济发展，并以此作为农村发展的中心与基础。对民营经济发展，放手让市场调节，同时政府也用有形之手去鼓励、引导。对集体经济发展，则主要是政策鼓励、典型示范、及时总结、全面推广。进入新世纪以来，常熟市委、市政府，每年都要在广泛调研的基础上，召开农村工作部署会议，围绕“农民增收”这一中心，着力将“六个发展”一起决策部署，即发展现代农业、发展小城镇、发展民营经济、发展集体经济、发展基层社会事业与发展基层党的建设，进行统筹安排。对农村干部，经常进行集体经济发展的宣传教育，并将“村级集体财力增长”作为镇村两级干部业绩考核的主要指标，使镇村干部统一认识，增强发展集体经济的主动性与责任心，从而确保了进入新世纪以来全市村级集体经济较快的发展态势。

常熟市探索发展村级集体经济的现实背景是：

1. 农业的单一家庭规模经营，难以致富农民

家庭联产承包经营，使农民解决了温饱，又能转移就业，发展非农产业，农村劳力向城镇流动，促进了城镇化进程。但随着城镇生活成本上升、土地瓶颈制约加剧、城镇管理难度增大，农民变“市民”过程也变得更加艰难。党的十八大提出了“四化同步”的经济发展战略，首次将“农业现代化”与新型工业化、信息化、城镇化并提，意义深远。常熟作为全国经济较为发达地区，发展现代农业的重要性日益显现。而目前常熟单个农户的农业经营又有很大的局限性：农民家庭的资本、技术、管理及信息要素水平与运用能力极为低下，市场营销能力与抗风险能力很弱。这种现实，客观要求通过发展村级集体经济，来扩大农业经营规模，优化农村土地配置，提高农户抗风险能力，引导农户拓展市场领域。

2. 原有村级集体经济发展能力与方式有其内在的缺陷

虽然政府一直强调要提高集体的统一经营功能，建立健全强农惠农机制，实践中各村集体组织也确实为农民群众致富与素质提升做出很大的努力。但从常熟农村基层的实际看，靠现有的集体经济组织方式，难以直接有效地快速提升农民的收入水平，难以加快推进城乡发展一体化进程。原因在于：现在的村级集体组织，事实上是政经合一的行政组织，承担着繁重的农村基层事务管理任务。虽然镇、村主要领导都在以增长集体财力为中心工作，但财力增长的方式，仅仅以集体资产（土地与厂房）出租为基本的生财之道，集体资产直接经营缺乏有效载体，致使集体的经济增值能力与对农户经济发展的导向力低下。以往乡镇企业是集体企业，由于责权利关系不协调，导致企业亏损加剧，进而推行产权改革，全部转制为私人控股的民营企业。（当然也有的村坚持持有集体股份，没有搞转制“一刀切”，确保了村级财力的稳定增长）。在促进乡镇经济发展的同时，也减弱了农民群众对集体经济组织的向心力，仅仅以打工方式获取低廉工资性收入。农民群众期望发展壮大村级集体经济，真正增强集体统一经营功能与强农惠农功能，以有效带动农民致富，更好促进农村的共同富裕。

3. **常熟的民营经济发展速度快，但农户直接得益少**

常熟民营企业的快速发展，确实增加了农民创业者的收入，增加了政府税收，增加了农民非农就业收入。但是，随着市场竞争的加剧，常熟民营企业加快了技术进步的步伐，相应地其吸纳就业的能力在减弱，加上近几年劳动用工成本的大幅上升，全市民营企业赢利空间已经大为压缩，对用工的技能素质提高，一般民工也难于录用，对中老年劳力更是“谢绝”招用。常熟民营企业发展，在对全市经济社会发展做出了重大贡献的同时，事实上难以避免产生了一些负面影响，例如土地资源的浪费、生态环境的污染等。私营企业的本性，决定了其一切活动都是以营利为目的，虽然不少民营企业也能承担社会责任，为环境保护、农村公益事业建设作出努力，但总体上看民营企业主的社会责任意识还不是很强，企业员工的分配待遇增长较慢，有的甚至用各种方式盘剥农民工。所以，要想通过进一步发展民营企业而让农民群众大幅度增加福利，推进农村社会事业发展，困难较大。近几年，由于土地瓶颈制约加剧、农村环境建设要求提高，常熟市政府原则上不再允许各村再兴办新的工业企业，并且引导已有工厂向工业园区集中。如此，全市村级集体经济发展方式面临着迫切“转型升级”的重任。发展新型村级集体经济，发展现代科技农业、规模农业、生态农业，让农民直接入股、“入劳”来分红受益，是促进农民增收的长远之计，是加快发展农村社会事业与环境建设的根本经济支撑。

4. **目前农村出现的新合作组织，也有较为明显的不足**

常熟农村在近几年来涌现出了许多农民自己组建的“合作组织”，对于发展农业规模经营、提高农业产出率、增强农业比较效益，起到了积极的促进作用。但是从实际看，农民合作组织，如专业合作社、土地股份合作社、社区股份合作社等，都是由私人控股，而且投资规模小，市场信息少，农业技术支撑较弱，入社农民得益不多。而且，大户农民控制的合作社，容易被少数人操纵，内部治理方式也是经验型，很不规范，也不稳定，容易损害“弱势社员”的权益。合作社对于农村公益事业建设，最多出于爱心搞些捐助，不可能持续地为广大农户提供优质服务，也不可能持续地直接贡献乡村社会公益事业的发展。实现全面小康的常熟农民，热切期盼发展新型集体经济，即以村级集体投资控股的、拥有现代科技武装与现代管理人才的集体经营企业，由于其股权清晰、管理民主、规模经营，能够为全体村民创造并积累集体财力，并以此为基础让全体村民获得更好的公共产品与公共服务。

5. 农村公益事业建设与社会保障体系建设，迫切需要集体经济积累去支撑

随着全面小康生活的实现，常熟农民的生活期待有了更高的要求、更广的内容。农民家庭生活消费的满足程度提高，随之而来的必然是对社会公共消费需求的增长。正如有的农民所说的，“我伲不仅要收入增长，更要有好教育、好环境、好保障、好心情”。现有村级集体组织的财力增长模式，很难满足农民群众的新期待。如村民出行道路的硬化、亮化、美化，村里文化活动设施的建设，农民私家车增加而需要配套的停车场地建设，随着农村人口老龄化加剧而产生的“养老难”问题的缓解，农民合作医疗保障水平的提高等，都迫切需要村级集体经济实力的持续显著的增强。一些先进村的实践已经表明，集体经济是农村公共产品投资的主体，是农村社会事业拓展建设与运营维护的支撑者，是农民增收和扩大就业的重要途径，也是农村基层精神文明建设和民主政治建设的有效促进者。科学发展村级集体经济，可以有效增加集体财力，增加农民实际收入，提高农村土地的含金量，从而为农村公益事业建设与农民社会保障水平的提高提供坚实的物质基础。用村民的话说，是“村里有钱，什么事都好办”。

6. 农村干部作风与能力建设，需经由现代公司制度管理实践的锤炼

目前常熟农民对基层干部能力与作风，总体上是满意的，对自己的村干部队伍是信赖的。事实上农村基层也涌现出了像常德盛、钱月宝等许多优秀村书记。同时，农民群众对一些基层干部“作风不优、能力不强”也有意见。个别基层干部“懒散庸歪”的慢性病，之所以久治不愈，一个基本的原因是社会监督不到位，基层管理不民主、不透明。发展农村集体经济，能够吸引农民参与管理，调动农民的监督积极性。原来村级集体组织偏重于行政管理，组织领导对上负责为重，对下负责不足，农民群众对镇村日常经济收支不便监督、不敢监督、不会监督，导致了基层干部管理的随意性、权力的谋利性。发展新型集体经济组织，由于集体资本、土地的投入、农户以自己生产要素的入股，使农民知情、参与、监督的权利成为当然的诉求，必然要求村级集体经济组织管理规范、制度透明，要求对基层管理干部进行全方位的选择、激励与监督，带领村民发展经济与做好群众工作，“不愿、不敢、不会”的“庸官”将难以生存，这将对于农村基层干部“优化作风、提高能力”产生强有力的促进作用。

二、常熟村级集体经济发展的成功实践

“十一五”期间，常熟大力推进城乡经济一体化发展，不断提升村级财力，在加大政策扶持力度的同时，充分发挥各镇各村优势，进一步促进偏远薄弱村的经济发展。2010年，全市村级集体经济总收入超过10亿元，比2006年增加4.75亿元；村级可支配收入达到7.4亿元，比2006年增加2.52亿元。

进入“十二五”以来，常熟市认真贯彻落实中央、省、市有关农业农村工作的政策精神，全力推进农村改革，扎实推进社会主义新农村建设，积极探索新形势下农村集体经济发展模式、扶持方式和管理体制，促进了村级集体收入持续增长，资产总量不断扩大，村级财力不断增强。到2012年底，全市村级（包括涉农社区）集体经济总收入达到14.6亿元，村均627万元，村级可支配收入总额达10亿元，村均430万元，其中村级集体经济总收入超过千万元的有27个村，虞山镇勤丰、新库村突破了三千万元。全市农村居民收入稳定增长，“十一五”期间，农民人均纯收入年均增幅达11.7%，由2005年的8418元提高到2010年的14664元。2012年常熟农民人均纯收入达到19675元。就农民的收入来源看，来自一产农业经营收入的占11.55%，来自二产的务工收入占56.05%，来自三产的服务性劳动收入占25.01%，其他转移性收入占7.3%。

建设社会主义新农村，村级集体经济是物质基础，因此提升村级集体组

织可支配财力是村“两委会”工作的重中之重。纵观常熟30年来农村村级集体经济发展史，特别是进入新世纪来十多年的实践，大部分村因地制宜，通过发挥自身优势盘活存量资源和资产，并运用先进技术管理集体资产，完成了从依靠政府“输血”到学会自我“造血”的转型，真正走上了富民强村的实践道路。

常熟市村级集体经济发展的主要历程与实践经验是：

（一）健全完善扶持政策

近年来，常熟市相继出台了一系列扶持村级集体经济发展的政策措施，主要有《关于壮大村级财力推进社会主义新农村建设的意见》、《关于实施村企挂钩推进城乡一体化发展的意见》、《关于建立生态补偿机制发展农村经济的意见》以及加强农村集体经济管理、村级“四有一责”建设、推进农村集体“三资”信息化管理等，明确了以扶持村级发展生产经营性物业用房建设为重点的一系列优惠政策。2006年，市政府制定村级财力建设3年行动计划，随后出台一系列相关政策，包括对村级集体经济组织交纳税金地方留成部分全部返还，对经济相对薄弱的行政村建设生产物业用房给予补助。市财政共兑付被扶持的84个村生产经营性物业用房建设以奖代补资金1.32亿元，有效促进了全市物业用房建设，加快了村级物业经济的发展。2009年底，常熟举行村企挂钩推进城乡一体化发展签约仪式，确定20对村企开展挂钩合作。2009年以来，全市有16个挂钩企业累计投入资金1981万元，与薄弱村共同建设现代农业，推动了薄弱村的经济发展。2011年开始建立生态补偿机制，两年来共拨付生态补偿资金2.4亿元，对因保护和恢复生态环境，经济发展受到限制的村给予经济补偿。市镇两级政府一系列扶持政策的及时发布和落实到位，有效推动了全市的村级财力提升，为村级集体经济发展注入了新的活力。

（二）有效实施资源整合

常熟市政府将优化村级土地资源配置、盘活村级存量土地资源，作为促进农村经济发展的重要举措，引导各乡镇采取每年结算的方式，将整合村级非农建设用地收储费用，以不同标准结付到村，最高的达到每年每亩4万元，村均每年增收50多万元，有力地促进了村级财力建设。碧溪新区与常熟经济开发区实行“联动发展、利益共享”，引导各村将零散工业企业向工业园区集中，腾出的工业用地由经济开发区统一收储，每亩地给予10万元经济补偿，由村里组织“退二还一”，发展绿化，既改善了乡村生态环境，也增加了村集体收入，同时也增加了开发区的“实际可用地”指标，真正实现了合作多赢。

面对民营经济快速发展对生产经营性用房需求的日益增长，常熟市政府带领乡镇各板块，积极转变观念，主动抢抓机遇，采取整合盘活存量土地、跨村联合发展、以农民入股合作开发等方式加快以“标准厂房”为重点的生产经营性用房建设。目前，全市由村集体财力投资建设的生产性物业用房面积，累计超过460万平方米，其出租所产生的财产性收入成为村级财力增长的主要渠道。全市预算内支农惠农转移支付达7.55亿元，也成为村级收入的重要来源。古里镇吴庄村工业起步较早，基础较好，但苦于土地资源紧张，发展日益受限。近年来，该村通过培育和发展强有力的村级工业，利用现有存量资源挖掘潜力，盘活和优化资产作为吴庄村保值增值和良性运转村级集体资产的突破口。采用改造提升原有村级企业、优化改革企业租赁标准、重新招商引资等方式，吴庄村积极做大了村级集体收入盘子，目前村级财力收入超过1100万元，并连续5年保持30%的快速增长。

（三）优化经济发展方式

常熟各镇村在发展村级集体经济的实践中，立足本村实际，以市场为导向，不断优化经济发展方式，搞活资产经营，涌现了一批依靠集体经济致富的先进典型，初步形成了多渠道、多类型、多元化的集体经济发展新格局。

1. 横向联合发展

优化整合各村资产、资源、资金，在工业集中区、经济开发区、城镇功能区等区域统筹建设物业项目，发展物业经济。虞山镇虹桥管理区实施了4村联合开发项目，在新世纪大道边的“世贸商圈”内建设综合用房3.7万平方米，年租金收入达到800万元。大义管理区9个村成立了村社区股份合作联社，投资8388万元收购了高新园的鑫源项目资产，增加收入1000万元。琴湖管理区荷花村等4村联合投资1.5亿元，建设近4万平方米的藕渠集贸市场与商贸大厦将于2013年年底全部出租营业，预计年租金收入可达1000多万元。谢桥管理区9个村成立了社区股份专业合作联社，投入6400万元在常熟经济技术开发区购置标准厂房4.2万平方米，预计增加村级收入600多万元。沙家浜镇资产经营投资公司联合13个村投资5900万元，为该镇重点高科技工业企业——中利腾晖服务，建设生活配套用房3.19万平方米，还投资5000多万元建设1.5万平方米阳澄湖大闸蟹交易市场，获取了较为可观的经济收益。2012年，尚湖镇由镇牵头联合各村，通过整合村级资金、资源、资产，组建村级联合体——尚联实业发展有限公司的形式，筹集股份资金超亿元，实行抱团发展，有效克服了村级资金、土地、资源等要素的制约及村级经济收入渠道狭窄、发展后劲不足等问题，提升了对外竞争谈判实力，争取到了有科技含量与市场发展前景的发展项目，在加快富民强村进程中探索出了新的发展方式。

2. **结对共建发展**

虞山镇根据各村（社区）村级可用财力排名情况，分别选定10个经济强村与10个经济弱村采取“一对一”结对共建模式，把促进村级集体经济发展作为帮扶重点，促进村级财力的共同增长。自结对共建活动开展以来，已经取得实质性进展：勤丰村与东联村签订协议，由勤丰村每年以略高于市场价收购东联村种植的1500亩水稻，加工成大米后分类包装，以品牌优势对外销售，既增加了勤丰村集体合作社的经济收益，也以此增加了东联村村级收入；燕巷村与三和村达成协议，由燕巷村租用三和村60亩土地，期限为15年，年租赁收入可达100万元；毛桥、方浜等经济强村无偿拆借资金给结对帮扶村，帮助发展村级经济。

除了村村结对共建，常熟市还主动探索结对共建的新形式——“强企挂钩弱村”，帮助薄弱村发展集体经济。2009年，为推进城乡一体化，常熟市选择了20家实力较强的企业与当地财力较弱的村庄挂钩。常熟长城轴承有限公司与尚湖镇罗墩村结成村企挂钩伙伴，共同出资成立了润丰农业有限公司，发展现代高效农业。江苏新合作常客隆连锁超市有限公司挂钩董浜镇里睦村，成立了里睦村蔬菜专业合作社和董浜农副产品专业合作社，设立专门绿色通道，向常客隆超市供应新鲜农产品，并建起了具有2000吨储藏能力的蔬菜冷链配送中心。依托了连锁超市的优势，着力打造农副产品优势品牌，走高端化、有机化、品牌化农业发展之路。通过结对共建，有效带动了里睦村现代农业的发展、村集体财力提升及村民打工收入的增长。

3. 政策扶持发展

虞山镇积极探索经济薄弱村发展的有效形式，将扶持薄弱村发展集体经济作为农村经济发展和基层组织建设的重要任务。对村级可用财力在250万元以下或人均可用财力在800元以下的18个经济薄弱村，在投资置业开发项目中，土地出让金的镇级净收益部分由镇全额借给村，作“长期借款挂账”处理，五年期限内不结息；对所建物业用房按每平方米进行补贴，因项目投入确需融资的按照年息6%、期限三年的标准进行贴息补助；村级道路等基础设施由一般村补助30%提高到50%；土地征用中涉及拆除村集体经营性用房的除按相关政策给予补偿外，对村级投资建设的公共基础设施按评估价的60%给予补偿；本镇范围内的卫生保洁、绿化养护等公益性项目，在同等条件下优先发包给本镇集体劳务合作组织，在促进农民就业的同时，增加村级集体收益。

4. 转型升级发展

董浜镇红沙村积极探索集体经济发展新路子，依托土地适度规模经营，主动推进农业转型升级，不断壮大村级财力。7年前，董浜镇红沙村还是个以种植水稻为主的“贫困边缘”村。全村有耕地面积1800多亩，分散在623户村民手中，水稻种植亩均收益普遍不高。2007年，红沙村成立全市首家集体投资控股的村级合作社，农民以土地流转形式入股，三年后全村农户承包土地大部分实现了向股份合作组织的流转。这项举措带来的是“双赢”，不仅农户可以获得每亩800元的流转费及在合作社打工的报酬，关键的是，村里原先零散的低效种植地集中起来进行了连片整治，发展适度规模经营，采用先进农机与科技进行高效开发经营，激活了“沉睡农田”，土地利用率达到最大化。现在，红沙合作社利用流转的1000多亩土地种植了水稻、葡萄和蔬菜，村集体单是来自于农业合作社的年净收入超过70万元，每年支付给农户的流转费超过80万元，支付本村农民打工工资在16万元左右。截至2012年，村级财力跃升至300万元，农民人均收入达到1.89万元，在强村富民的道路上交出了一份令村民满意的答卷。

5. “股份合作”发展

在发展股份合作增强村级财力的道路上，常熟一些村级组织很早就进行了尝试。早在2004年，梦兰村在全市首个成立股份经济合作社，把村集体拥有梦兰集团股份的70%量化到村民，把村民变为股民，2012年每股分红2250元，累计发放股金200多万元，成为梦兰村民收入的重要渠道。梅李镇天字村从2005年起开始探索村民股份合作社模式，在当年即成立了“天字社区股份经济合作社”并在全村范围内发行现金增量股2529.5股，每股400元，共计100余万元。投资建造天字菜市场、天字综合楼、佰亿制衣厂厂房，当年取得租金44万元。2006年5月，天字村与银塘村合并，成立新的天字村。同年11月成立“银塘社区股份经济合作社”，并在原银塘村范围内继续发行现金增量股，建造常浒路旁3000平方米标准厂房，每年租金收入达26万元。经过近几年的发展，截至2012年底，天字社区股份合作社共募集村民股本金1000余万元，拥有标准厂房12万平方米以及天字菜场、天字综合楼等商业设施，总资产8000余万元。2013年，天字村将继续开发紧邻镇区北的10余亩商业地块，建造商贸市场，预计将再增加财力150万元。

随着梦兰集团的发展壮大，逐年累计投入2亿元资金推进村容优化与村民保障，昔日的贫穷落后村变成了如今富裕和谐、闻名全国的文明村。现在，梦兰村的村民享有健全的社会保险和福利保障，人人就业，全村190多户人家，家家住上花园别墅。图书馆、活动中心、健身房、托儿所、超市等各类文化生活设施一应俱全，梦兰村民过上了让城里人羡慕的幸福生活。

6. “村企合一”发展

所谓村企合一是指村级政治组织（党支部）、社会组织（村民委员会）和经济组织（企业）合三为一。具体表现为党政企三位一体的领导班子，即村党支部、村民委员会和企业领导班子，相互兼职，统一领导，相互渗透在各层次领导班子中。常熟市的梦兰村和梦兰集团、蒋巷村和常盛集团都是做强主导产业、村企联合发展的典型。在推进新农村建设中，梦兰集团累计投入1亿多元用于提高村民社会保障和福利；建成245幢农民别墅，每户村民承担的费用平均仅为4万元，折合每平方米仅需200多元；全村村民社会保险参保率达到100%，实现了“农保”转“城保”。依托梦兰集团产业优势，鼓励能人创业，目前有40多户村民自主创业，当上了老板。如今，梦兰村老有所养，壮有所用，幼有所教，鳏寡孤独贫疾者，皆有所依，基本实现了共同富裕。在董事长钱月宝的带领下，梦兰集团在做大做强家纺这一传统主体产业的同时，以龙芯产业化基地建设为里程碑，开始了向高科技产业的转型跨越。2012年，梦兰村实现三业总产值63.28亿元，村级可支配财力2125万元，村民人均收入达到3.02万元，乡村综合实力跃居全国前列。同时由钱月宝任梦兰村党委书记，带领村两委班子及全体村民，全面推进新农村建设，不仅村级集体财力稳定增长，而且村精神文明建设、生态环境建设及基层党的建设，都走在全市前列，成为全省新农村建设的突出典型。

7. 区位优势发展

发展村级集体经济，如果只是简单模仿复制，往往会适得其反。这些年来，虞山镇勤丰村依托紧邻常熟市中心、地理位置优越的优势抢抓机遇，大胆创新，不断探索村级经济可持续发展的空间和领域。2011年实现地区生产总值3.86亿元，村级可支配收入达到2149万元，农民人均纯收入达到22750元。勤丰村在当年四村合并时，村级经济十分薄弱，加上是城中村，土地资源十分有限，唯一优势就是靠近城区，交通便利。就是利用这个“地利”，勤丰村“跳出本村圈子求发展”，多渠道开拓经济增长点，通过加大招商引资力度，先后吸引市交家电有限公司等多家知名企业入驻，并建立集体标准厂房，目前年租金收入达600多万元。同时，勤丰村探索农业转型升级，创办占地226亩的生态园，在全市率先发展生态观光旅游农业。2012年，勤丰村村级集体经济收入已超过3000万元。今年6月，勤丰村成立了常熟首家村级合作农场，据该合作农场理事长张建昌介绍，农场是由勤丰村牵头，以江苏勤丰现代农业科技有限公司、常熟勤丰果蔬种植专业合作社、常熟勤丰农机合作社为“核心成员”，联结虞山镇东联村、中泾村等8个村共同创办，目前以稻麦种植为主，兼有果蔬种植、农机综合服务等业务。该合作农场，并未改变农户承包权益与农业用地面积，只是通过“抱团发展”让农业农村组织之间资源优势互补，并依托规模化经营、机械化耕作、企业化管理、市场化运作的全新方式，来最大化提升参与合作农场的集体入股单位的整体效益。

8. **农业创新发展**

在推进城乡一体化发展中，常熟市不断强化农业的基础地位，认真落实强农惠农政策，创新搭建载体，大力推进传统农业生产方式向现代农业经营方式的转变，有效地提高了农业生产效益，促进了村级集体经济的发展。在农业资源丰富的村发展“集体农场”，通过鼓励、支持农户土地承包经营权流转，委托由村或合作组织统一经营、发展现代高效规模农业，促进了村集体增收。用现代产业体系“武装”农业，着力打造“一中心（以市农科所为平台建设农业科技创新中心）、两园区（江苏省常熟现代农业产业园和江苏省常熟现代渔业产业园）、多基地（建设优质农产品生产基地，打造特色品牌）”的国家级农业科技示范园区，为农业科技创新发展搭建了平台。至2012年底，全市农业生产总值达62.68亿元。根据苏州市委、常熟市农委的统一部署要求，认真落实好“四个百万亩”（优质水稻、特色水产、高产园艺、生态林地各100万亩）农业产业空间布局，积极鼓励全市各村参与发展现代农业，借助集体财力投入，推进水稻规模化、蔬菜设施化、水产标准化和营销现代化，并相应提高村级集体经济的投入产出效益。古里镇镇政府十分重视现代农业发展，近几年每年投入5000万元财政资金，进行现代农业基础设施建设，要求各村集体经济组织及时跟进，发展现代科技农业园区或农业示范基地，增加村级集体组织可用财力，同时也吸引了年轻人才进入现代农业园区就业，为集体经济发展培育了青年人才。

9. **典型引导发展**

常熟市农工办，将引导各村发展集体经济持续发展作为重要工作职责，积极总结各地先进经验，定期以农村工作和城乡一体化简报的形式编发专题调研报告，供各地在发展村级集体经济时借鉴。一些调研报告，如《创新发展思路　推进富民强村——虞山镇勤丰村推进富民强村的实践与启示》《打造股份经济　实现富民强村》《强实力　惠民生　共建美好家园——汪桥村全面推进社会主义新农村建设》等，都引起了强烈反响，起到了典型示范和带动作用。特别是结合国家“小康文明村”评比、江苏省“先锋村”评比、苏州“先行村”等活动，常熟树立了支塘镇蒋巷村、虞山镇梦兰村与勤丰村、古里镇康博村、辛庄镇常南村、海虞镇旺桥村、碧溪新区李袁村等先进典型，多次召开新农村建设现场会，集中推广这些先进村发展集体经济、致富全村百姓、优化发展环境的经验，起到了很好的标杆导向作用。

（四）加强村级经济管理

近年来，常熟市委、市政府围绕城乡发展一体化与加快发展农村集体经济，在加强制度建设和规范运作上下功夫，陆续出台和制定了关于农村“三资”管理的政策文件和管理制度，健全“三资”管理配套措施，推行村干部职务消费由镇级财政统一核准报销政策，对村干部的招待费、通信费、交通费实行定额包干，超支有罚、结余有奖，控减非生产性开支，同时积极构建市镇村三级责任机制，形成上下联动、齐抓共管的工作格局，确保集体资产管理制度执行到位，有效保障了村级集体经济的健康运行。

早在2008年，常熟市在全省率先开发建立了农村集体资产和财务信息化监管系统，实现了农村集体“三资”管理及运行情况的实时查询、实时分析、实时监管，探索走出了一条以信息技术为依托、以制度建设为保障的农村集体“三资”管理新路子。2012年重点对“财务系统、资产管理、合同管理、预警系统及数据查询”进行了全方位升级，确保对“三资”实行有效监管。如今要查询任何一张村里签订规范的租赁合同，只要打开电脑进入镇村集体资产和财务信息化监管系统，一分钟之内就能看到租赁资产数量、期限、收缴租金等所有进展情况。这样的工作效率，在30年前是无法想象的。

信息化监管集体“三资”，是一次飞跃式发展，不仅提高了工作效率，更能有效监控村级资产运转、保障集体财产安全。目前，常熟市已成功启动“常熟市农村集体资产和财务信息化监管系统”，这个系统将全市224个行政村、总额40.2亿元的农村集体资产“一网打尽”，并对农村集体资产和财务收支的全过程进行动态监管，不仅减少了全市村级集体资产流失，还使得政府涉农管理部门能及时了解村级经济发展动态，有针对性地进行村级经济宏观运行指导。

除了引进信息化技术管理手段，多年来本市各村还采取多种方式加强资产管理，如完善合同管理，对到期的房屋、土地租赁合同及时进行协商续签或公开拍租，提高租金标准增加村级收入，并节支并举，注重压缩各种非生产性开支，厉行节约，把有限的村级集体资金，投入到直接为农民生产生活服务的生产项目和社会公益事业中去。

三、常熟村级集体经济发展的主要经验

常熟村级集体经济发展之所以取得骄人的成绩，概括起来，成功经验主要有如下几条：

（一）“重个体也重集体”的思想认识到位是前提

厚实的农村集体经济，是农业稳定增长、农村全面繁荣的基本保障。家庭经营为农村发展增强了细胞活力，但随着农产品市场竞争的加剧，消费者对产品品牌与质量要求的提高，光有分散经营的农户，已经很难取得市场的竞争优势，必须有集体经济的资本实力、品牌优势与谈判地位去引导与帮助农户。发展集体经济，可以为农村各项社会事业的发展提供物质基础，也是实现农民共同富裕的主要组织支撑，同时也可以为农村文化建设、生态建设提供财力支持。发展市场经济，必须有多元经济的竞争，常熟的人文历史与现实条件，造成了常熟城乡“能工巧匠”众多，发展民营经济具有良好的基础条件。常熟镇、村两级干部在放手发展民营企业、增强全市经济活力的同时，也能认识到发展农村集体经济对于增进农村发展合力的战略意义。由此，引导常熟农民“既发展个体，也发展集体”，坚持两条腿走路，在发展民营经济的同时，引导发展村级新型集体经济，持续发展集体经营的规模经济，实现了村级财力的持续提升。

（二）以加强农村基层组织建设为依托

发展村级集体经济，实现村强民富，关键要有一个好的党支部、好党委，特别是有一个具有较强思想政治素质和推动科学发展的村党组织带头人。一个好的带头人可带出一个好的基层组织，形成一个发展集体经济的好思路、好机制。蒋巷村、梦兰村、勤丰村已经成为常熟农村发展集体经济的好榜样，充分证明了基层党组织带头人的重要作用。同样，每一个村的发展都离不开带头人所具备的思想素质和发展能力，离不开坚强有力的村两委领导班子。2012年开始，常熟市把开展“基层组织建设年”活动中总结的经验应用到农村基层工作中去，坚持把建设高素质的党组织带头人队伍放在农村基层党建工作的突出位置，创新培养选拔方式，坚持德才兼备标准，拓宽选人用人渠道，有计划地选好农村两委班子成员。特别是在选拔村两委负责人时，将“是否具有带动集体经济发展能力、发展业绩”作为重要的考核尺度。同时，有计划地加强对农村党组织书记的教育培训力度，将村级集体经济经营与管理作为培训的主要内容，选择优秀村干部上讲台介绍经验，以有效提高素质，增长才干。紧紧围绕富民强村、服务群众的要求，进一步加强了村党组织建设，使村党组织成为执行党的农村政策、推动科学发展、带动农民增收致富、维护社会和谐稳定的领导核心。常熟市委、市政府还特别注重帮助经济薄弱村领导班子提高发展集体经济、做好群众工作、解决实际问题的能力，选调经济强村干部到薄弱村任主要职务，并增强其发展的信心和决心，勇于担责，甘于奉献，为共同推进全市富民强村工作做贡献。

（三）坚持村级经济多元化发展模式

发展壮大村级集体经济是促进农民增收致富、提升农民生活水平的重要保证，是加快推进社会主义新农村建设和城乡一体化改革发展的经济基础。从常熟全市范围来看，各镇村根据区域位置、基础条件和产业优势的不同，都有创新举措，并形成了多元的发展特色，蒋巷村的全面发展、康博村的以工哺农、梦兰村的村企共建、新库村的租金致富，支塘、尚湖、沙家浜镇组建村级集体经济联合体，实现联合抱团发展等，都值得各地借鉴学习。在推进富民强村的实践中，常熟众多村干部，能从村情民意的实际出发，发扬解放思想、开拓创新、自强不息、艰苦奋斗的精神。市、镇两级领导充分尊重农民群众的首创精神，发挥农民的实践主动性，及时鼓励引导农民不断创新思路，大胆探索实践，将“乡村劣势”转化为发展优势，将不利因素转化为有利因素，推动了村级集体经济的快速发展，从而有效地向富民强村的目标扎实迈进。例如虞山镇琴湖村，利用区位优势发展股份合作经济，与五星电器、大润发等进行战略合作，使村级集体经济有了稳定的收入来源。去年，该村又主动跳出村域限制，到古里镇李市村投资现代化水产养殖示范园区，为村级集体财力增长开拓了新的途径。支塘镇15个村联合成立了“支塘农村发展有限公司”，来破解单个村发展中的资金、土地等要素制约，缓解各村发展中的发展手段单一、收入渠道狭窄、缺乏高收入来源、发展后劲不足甚至盲目投资、同质化竞争等难题，实现了资源统筹、统一经营、能人管理、收益共享。

（四）坚持把改善民生作为村级集体经济发展的核心追求

促进农民持续增收、提高农民生活质量是新农村建设的中心任务，是城乡一体化改革发展的根本目的，也是农村稳定和谐的核心所在。和谐稳定的农村社会环境必将进一步促进村级经济建设及各项工作的顺利开展。支塘镇的蒋巷村，虞山镇的梦兰村、勤丰村在推进富民强村的实践中，始终坚持把改善民生福祉、增强村民幸福感受放在重要位置，从提高村民就业水平，健全完善社保、医保、低保和救助等农村社会保障机制，高标准建设农村集中居住区，优化农村人居环境，到尊老爱幼，关爱农村困难群体，丰富活跃农村精神文化生活等，无不使村民感受到村级集体经济发展带来的实惠，村里的各项工作得到了村民的密切配合。实践证明，发展村级集体经济，首先要有明确的发展目标与追求。如果片面追求村干部的政绩，集体财力增长就会缺少可持续性，往往会“一任班子一阵风”。只有关注民生，不断让农民得到实惠，才能凝聚民心，集聚民力，才能实现村级集体经济的持续、快速、健康发展。坚持“造福村民”的发展目的，村干部的行动努力才有正确的方向，村级集体经济增长才会有正确的轨道，农民收入的持续增长、农村社会的持续稳定才有可靠的保证，才能把新农村建设和城乡一体化改革发展真正提升到一个新的水平。

四、常熟村级经济发展中存在的问题

近年来，常熟村级集体经济发展虽然取得了明显的成效，全市村级财力和农民收入增长较快，为城乡一体化发展奠定了良好基础，但是仍然存在村级经济发展的产业层次还不够高，管理方式还比较粗放，局部地区还存在着一定的行政化倾向，市场化、现代化和国际化还有很大的提升空间。在村级集体经济继续向前推进的过程中，还存在体制、机制、运行等方面亟待解决的具体困难和问题，主要表现在以下几个方面。

1. 部分干部对发展集体经济的认识还有模糊

在调研中，我们还发现有的村干部对发展集体经济存在一些明显的“认识偏差”，如有的认为集体经济是计划经济的产物，原有集体企业产权不清、管理混乱、亏损严重，已经改制为民营企业，再发展集体经济“不符合市场经济发展潮流”。当然更多的村干部认为发展集体经济是必要的，但难度大，存在一定的“等靠要”的畏难消极心理。有的村干部担心，发展集体经济会重新陷入“大呼隆、大锅饭”；有的村干部则认为发展集体经济就是村里“自筹资金、新上项目、经营企业”，没有客观地认识到当前集体经济的实现形式已经从直接兴办经营企业向运营管理资产转变，发展集体经济的主要方式已经向资源开发、资产经营、物业租赁等方面转变。还有的村干部认为常熟经济发展的特点是民营经济发展规模大、速度快、实力强，发展集体经济会挤压民营企业，影响农民收入，只能适可而止。有的村干部认为农村公共产品建设由镇政府提供，村集体提供部分可以由村民通过“一事一议”的筹资筹劳来解决，从而在实践中习惯于依附财政的扶持和工业的反哺，寄希望于外界的支持。实际中，更有一些村干部认为发展村级集体经济“好是好，但无路”，集体土地承包到户了，集体有形资产基本上都拆分了，农村人才大都外出了，于是在实践中过分夸大了客观困难，没有看到村集体在盘活土地存量资产、开发自然资源、用活村里劳力资源上的潜力，过多强调“农村落后”，对发展集体经济抱消极态度。市、镇两级在村集体经济发展项目选择、市场论证方面指导不够、服务不细，深入实际调查了解和指导不多，基本上是村委会自选项目、自己管理、自己发展。

2. 发展不平衡，富村与穷村分化现象在加剧

从区位看，一些城郊村、主干公路沿线的村，其村级集体经济发展水平整体比较高，年收入大都在500万元以上。特别是已经涌现出了一批年收入超过2000万元的先行村。而一些地处偏僻又无资源优势的村，仅靠已有集体资产出租收入，有的仅靠乡镇政府每年拨付的办公费维持运转，属典型的村级集体经济"薄弱村"与"空壳村"，村级可用财力停留于100万元左右，"无钱办事"的问题比较突出。一些村委会甚至出现收不抵支、入不敷出、负债严重的情况。有的村看到一些强村发展成功，就盲目照搬强村模式，高额负债搞发展项目，管理又跟不上，结果表面热闹，实际效益低下，成为高负债村，加剧了集体经济发展的困难。

3. 村干部整体素质还不适应当前经济发展需要

主要表现在一些村干部素质不高，思想解放不够，发展意识不强，对市场经济知识知之甚少，也没有经营管理的经验，不能顺应市场的要求，从市场的需求出发寻找出路，因而在发展村级集体经济方面显得力不从心。有些村干部思想上有顾虑，怕引进的产业得不到上级的支持和群众的接受，怕"搞砸了"受村民埋怨，还不如"守住摊子"来得稳妥。此外，在一些村干部中还普遍存在"村委是农民自治组织，只需搞好群众调解与稳定足可"的思想，认为只要把镇里安排的常规工作干好了，任务完成了，就是尽到责任了，没有把发展村级集体经济真正当作大事来抓。从客观来说，农村中有经济头脑的人才，全都去经商了，村集体经济难以吸引科技人才，加上村里专业管理干部的缺乏，现有村干部"老的老、小的小，只会行政，不会经商"，乐于外行，安于现状，于是不少村至今存在着发展集体经济"无兴趣、无思路、无干劲、无才能"的"四无现象"。部分村干部素质偏低，不能因地制宜培育集体经济增长源。因受村民自治中直接选举、任期年限的影响，部分村干部对发展农村集体经济的认识不足，村干部的报酬与村集体经济收入增长挂钩不紧，认为自己任职期限内，集体经济"干不好是客观条件制约、干好了是下任领导的政绩与享受"，抱有应付心态，发展村集体经济的主动性、开拓性、创造性有待进一步增强。

4. 集体经济管理方式不尽完善

有的村集体经济的管理制度不健全，在处理大笔资金开支和大额资产时往往是村党委（支部）书记或村委会主任一人说了算或只召开村委会研究决定，党员群众极少参与，致使一些资金投出后无法收回，群众极度愤慨找村干部闹事甚至上访；有的村发展公益事业或修建办公场地不能量力而行，而是过度举债办事，给村集体背上了沉重的负担；有的村虽然集体积累相对较好，但没有把现有积累管好用活，使之实现最大效益，如有的村应收款数额大，呆坏账多，集体资产流失现象比较严重。个别村集体经济的合同签订不够规范，发包费、租金回收不力，造成集体虽有经济收入，但收入太低，有个别承包者长期拖欠承包费，村收取承包费困难。个别村委会只考虑当前，对长远发展考虑不够，土地低价出租、集体厂房等资源长期发包、收入提前消费等情况突出，缺乏具有“造血功能”的集体经济项目、收入，造成后来班子无可开发利用资源的被动局面。尤其需要引起注意的一个现象是，一些城郊村由于开发征用土地或出租房屋，集体有了大量的现金积累，但并没有进行合理有效的运营，使资金闲置，无法实现增值。有的甚至将村集体资金，以较低的利率借给民营企业老板，从中捞取个人好处，“村干部腐败”现象亟须重视预防与治理。

5. 基层党委、政府扶持发展村级集体经济的力度有待加强

部分村在发展村级集体经济方面虽然制定了明确的发展思路，但作为一个村，在一些协调管理上有时无法解决，需要镇党委、政府直至区直部门出面协调帮助，而目前这方面还做得不够好，有的甚至“没有回应”、“议而不决”。此外，在发展村级集体经济的激励机制方面也没有形成切实可行的措施和办法，村干部流失现象初露，如何培育与激励村干部致力发展集体经济，需要从政策与体制机制层面上研究、改进与完善。近年来，常熟市委、市政府比较重视农村集体经济发展，通过招聘或委派大学生村干部和“挂、包、帮”等活动加强了对村级经济社会发展的帮扶力度。但从扶持发展的情况看，无产业扶持，扶持资金少，扶持力度相对不强，村与村之间“同质化发展、同平台竞争”现象比较突出，满足不了农村集体经济发展的实际需要。特别是对村的集体经济发展，缺少系统性、连续性的行业政策和足够的资金扶持，而是任其自然发展。相比于扶持开发区外资经济的发展力度，无论是领导力量配备、科技人才的培育，还是资金、土地、环保设施保障等方面，都存在明显的"扶持乏力"。因此，不少村虽有少量集体经济，但无更多经营和管理能力，大部分是长期租赁和发包，收入较低。特别是村集体企业发展缺乏后劲，没有长远规划，因而村级集体财力增长速度或多或少存在减速趋势，可持续发展能力亟待增强。

五、进一步发展常熟村级集体经济的对策建议

发展壮大农村集体经济，增加村级集体经济收入，实现基层组织"有钱运转、有钱办事、有人管事、有章理事"，对于增强农村基层组织凝聚力和战斗力，积极为城乡发展一体化寻找更加有力的经济支撑，进一步加快推进社会主义新农村建设具有十分重要的意义。在当前常熟加快城乡发展一体化的新形势下，发展农村经济、推进新农村建设呼唤壮大发展农村集体经济。根据以上存在问题的初步分析，进一步发展村级集体经济，应采取以下对策措施：

（一）加强组织领导，增强发展的责任感和紧迫感

各级党委、政府要切实把发展壮大农村集体经济作为加强农村基层组织建设的重要目标抓紧抓实，把发展壮大农村集体经济纳入当地经济社会发展的总体规划。围绕"城乡一体化"与"常熟农民收入倍增"的目标，在深入调查研究的基础上，确定一批集体经济强村率先转型升级、一批经济相对薄弱村加快"脱贫致富"的总体方案，因地制宜地制定集体经济发展规划，明确发展目标和主要任务，选准发展路子，按先易后难的顺序加快集体经济发展。各级财政要安排村级集体经济发展的专项扶持资金，重点扶持村级集体经济年收入在200万元以下的经济薄弱村；要建立领导干部发展农村集体经济帮扶责任制，按照统筹城乡发展的要求，常熟的发改、财政、农业、林业、科技、扶贫等涉农部门、各对口帮扶单位，要为发展村级集体经济提供资金、项目、信息、技术、人才等全方位的服务支持，认真解决好集体经济发展中的难点、热点问题，把发展壮大农村集体经济作为乡镇综合考核、"优秀村干部"评选等的重要内容，也应列入对镇、村各级领导进行政绩考核的重要指标。

（二）改革创新，积极探索农村集体经济发展模式和途径

坚持以改革促发展，把发展村级集体经济与发展效益农业和农村二、三产业有机结合起来，强化资源开发、资产管理、资本经营，大力发展社会化服务事业，积极探索发展壮大村级集体经济的多种有效途径。一是盘活集体资产，开展资本经营。在产权清晰、管理规范、制度健全的集体资产经营体制基础上，积极探索集体经济组织的制度创新和集体资产以多种资本形式增值的新途径。要加快农村集体经济组织的股份合作制改革和集体资产运作主体的建立健全，通过盘活现有农村集体资产来不断增加集体资产收益；要以集体与农户土地确权改革为契机，积极探索通过承包、拍卖、出租、入股等办法，充分开发利用集体土地资源，发展农林产业。有条件的地方，可通过集体投资、农民入股和招商引资等多种途径，发展各种旅游观光和休闲农业，增加集体经济收入。二是鼓励村集体经济组织兴办经济实体。大力发展新型合作经济，引导村集体与基层供销社、农业龙头企业、专业大户等开展合作，发展技术指导、信息传递、物资供应、产品加工、市场营销等各类专业合作社、专业协会和专业中介组织，实现农村集体经济向多层次、多领域延伸和扩张。三是因地制宜，多途径发展农村集体经济。采取创办集体企业、建设商品基地、开发优势资源、发展专业合作组织、城镇建设带动、招商引资带动、扶贫开发带动等多种模式发展农村集体经济。在发展过程中，要结合常熟各地实际，因地制宜，突出特色。集镇和城郊接合部、靠近公路沿线地区，要鼓励农村集体经济组织积极依法参与小城镇建设和发展商贸业、乡村旅游业，通过“退二还一”及建造市场和仓储设施等第三产业载体，发展配套服务业；邻近开发区的各村，要结合农业结构调整和产业化经营，建设蔬菜、畜牧等特色商品基地，发展农业龙头企业，系统地为开发区工商企业配套服务；要继续鼓励“一村一品”发展优势产业与特色产品。就常熟城乡发展一体化的进程看，特别要在强调农村土地集体所有权与农户家庭承包使用权的基础上，加快推进以“股份合作制”为主要形式的新集体经济，坚持“土地股份化、农民股东化、产权明晰化、集体控股化、经营股权化、模式多元化、管理民主化”的原则，推动常熟农村新型集体经济的健康快速发展。

（三）强化监管，进一步提高村级集体经济的管理水平

发展壮大村级集体经济，应坚持一手抓发展，一手抓管理。要在积极探索新时期村级集体经济发展新路子的同时，加强和规范村级集体经济的管理。要推进农村集体资产、资金、资源管理的“五个转变”：从原来单一的经营性资产增值向资产、资源共同增值转变；集体资产运营从原来主要依靠企业经营向资产经营、资本经营转变；农村集体“三资”管理方式从传统的管理方式向制度化、规范化、电算化、网络化方式转变；管理主体从原来的主要由村干部管理向由村民代表组成的集体民主管理转变；监管机制从相对单一的农业或集体资产管理部门（镇经济服务中心）向纪监、民政、财政等多部门合作、指导、监督、服务转变。要推进村级产权制度改革，组建股份合作公司，把集体资产量化，促进资产增值，加大股份分红，建立民主决策、预决算管理制度，建立民主理财小组，实施财务公开。具体要求是：一是规范村级财务管理，完善积累机制。要加强集体收益的收取和管理，对水产、果园、特色粮食等多种经营承包项目，要按承包合同按时收缴承包金。对多种经营专业承包，要引入竞争机制，实行公开招标经营，确保集体收益稳定增长。要进一步规范村内“一事一议”筹资筹劳的收缴和使用管理。对集体土地征用所获得的土地补偿费等，除青苗补偿、地面附着物补偿等费用可分配到农户外，其他所得应作为集体资金，实行扎口管理，不得平分到户。村级集体经济组织要强化收支预决算制度，村集体经济收入要有一定的比例用于发展生产；严格控制非生产性开支占当年可支配收益的比例和总量，合理制订村干部报酬标准和办公经费开支标准。二是加强村级财务民主监督和审计监督。要进一步规范和完善村级财务公开的制度和做法，特别是一些集体经济收支行为较多的和经济相对薄弱的村，要在年报规范公示的同时，增加村级财务公开半年度公示，建立村级财务审计制度，对村主要干部实行经济责任审计，增强村干部分配使用集体资金的约束力。要继续坚持并健全村级财务由镇经济服务中心统一核算制度。要进一步健全村民理财制度，定期对村财务实行检查监督，并公开监督结果。要实行民主决策、科学决策制度，实行重大事项由村民大会或代表大会一事一议制度，避免决策失误。三是采取有效措施化解村级不良债务。按照国家和省、市明确的政策及要求，对村级的各种债权、债务和担保金额组

织一次全面彻底清理，对清理出的不良债务，应采取多种途径进行有效化解，要积极组织清收村级的有效债权来化解村级债务；对现有的经济担保，要办好资产抵押等担保手续，降低风险；对现有的因村一级搞各种公益事业而形成的债务，可通过“一事一议”筹资进行化解或加大财政转移支付进行化解；对现有的因村组干部报酬陈欠而形成的债务，各级财政应加大财政转移支付力度予以妥善解决；要坚决制止新的不良债务产生。村集体组织不得为外单位提供经济担保；村级兴办各种公益事业要本着量力而行的原则，未经村民代表大会或村民大会讨论通过的，不得举债兴办。出租集体资产时，要规范格式合同，报镇经济服务中心把关或备案。

（四）加大激励扶持，优化发展村级集体经济的环境

一是要把发展壮大村级集体经济列入农村经济工作的总体规划中，各级党委政府要切实制定好本地村级集体经济发展规划，合理确定指标，组织职能部门抓好实施，并从信息、人才、技术、立项等方面给予帮助。二是各级财政应每年安排一定数额的村级集体经济专项发展资金，重点扶持集体经济年收入在200万元以下的薄弱村。要整合村级集体资金资源，调整投入结构，将农业产业化经营、扶贫开发、乡镇企业发展、农业综合开发等资金和项目投入适度向农村集体经济组织倾斜。政府要引导全市各个金融机构，安排一定的贷款扶持发展集体经济，在税收、工商管理上，对村级兴办的集体企业和各种经营项目适当给予减免。要积极向上争取，将村级集体企业用于发展农村公益事业的开支，放在税前列支，以有效减轻村级集体企业尤其是涉农集体企业的税收负担。三是进一步强化对集体经济发展做出成绩的村干部制定奖励政策，使村干部的报酬增长与集体经济的发展、集体积累的增加有机挂钩，形成内在的激励机制。四是要借助外力发展壮大集体经济。通过股份合作、联合开发等形式，大搞资源开发与利用，鼓励村级集体资金入股优质民营企业。各开发区的三产服务项目建设，要优先考虑村级集体企业的介入，以增加集体经济收入。这也是对为开发区建设做出土地贡献的村民应有的回报。五是深化农村经济改革，争取农村集体土地与国有土地能“同权、同价”，村集体土地出让金，要足额返还到村，村里公用事业建设要进一步厘清事权，明确镇、村各自责任，继续加大政府对村级经济发展的转移支付力度，进一步减轻村级财力支出负担。

（五）加强村级班子建设，选好带头人

一要认真选优配强村两委班子成员，特别是村党委书记与村委主任，应当既有政治品德，也有发展村级经济的才能。在选配上要坚持标准，把那些事业心强、懂经营、会管理，具有发展集体经济的强烈意识、开拓精神和无私奉献、不怕吃苦、秉公办事、廉洁自律的能人选进村级班子。要注意从能人、大户、科技致富带头人中选配村干部，也可以从民营企业家中选择社会责任意识强、经济开拓能力强的人进入村领导班子，村书记任期内不能随意调任，要通过村工作人员的村际横向交流，来提高村级班子发展集体经济的能力。二要坚持不懈地抓好农村干部的培养教育。通过市场经济知识和科学文化知识的教育，使他们转变思想观念，增强领导经济工作的能力和经营管理的水平，用好的典型、经验激发他们解放思想、开阔视野、增长见识，增强他们发展集体经济的信心和本领。常熟市委党校（行政学校）要主动会同市农办、市民政局等部门，将村级经营管理人才培训纳入日常教育培训计划，争取做到每村有一至二名集体企业优秀经理人才。三要加强对发展壮大村级集体经济典型和事迹的宣传，形成发展集体经济的良好社会氛围。要由市农办牵头，组织涉农部门开展农村经济发展经常性的调查研究，及时总结经验、分析问题，为各村班子成员自学进修提供参考教材与对策建议，指导农村集体经济的发展。

总而言之，发展壮大农村集体经济，是新形势下农村工作的新课题，是增强农村基层党组织凝聚力和战斗力、增强服务功能、促进农村经济发展和实现农民共同富裕的重要物质基础，是常熟率先实现城乡发展一体化和基本现代化的坚强支柱。坚持城乡发展一体化，就必须把集体经济放在区域率先基本实现现代化的总局中统筹安排；必须坚持科技促进战略，加快科技创新步伐；必须重视集体资产管理制度创新，构建新型的集体利益关系；必须唱好土地经，发挥集体土地功能；必须发挥政府与市场两只手的调节作用；必须坚持服务和保障农民的主人利益。常熟市镇、村两级干部，要在以往集体经济发展成就与经验的基础上，进一步坚持以科学发展观为指导，紧紧围绕城乡发展一体化的战略要求，坚持从实际出发，坚持相信与依靠农民群众，继续创新集体经济发展方式，完善集体经济发展管理机制，如此就一定能更好更快地发展集体经济，为全市农民的“致富梦”、“生态梦”、“市民梦”的梦想成真，打好坚实基础，做出更大贡献。

思考题：

1. 如何理解发展壮大村级集体经济与加快推进城乡发展一体化之间的内在联系？

2. 常熟市各乡镇着力发展村级集体经济的实践，给了我们什么样的经验或启示？

3. 现在要着力发展的村级集体经济，为什么是“新型集体经济”？

4. 在当前城乡发展一体化进程中，发展村级集体经济的主要难点有哪些？如何有效破解这些难点？

第六篇　构建农民增收长效机制

摘要：党的十八大报告高度重视农民收入问题，明确提出要着力促进农民增收，保持农民收入持续较快增长。不断提高农民收入水平，大力改善农民生活质量，是推进城乡一体化改革发展的主要目标任务。本章将围绕农民增收这一主题，具体分析常熟农民增收的基本情况、主要做法与特点、存在的问题，以及如何进一步构建增收的长效机制等问题逐一探讨。

一、常熟市农民增收的具体实践与主要特点

（一）常熟市促进农民持续增收的具体实践

常熟市委、市政府历来高度重视农民持续增收工作，于2011年初提出了农民收入要实现倍增的目标任务，即到“十二五”期末全市农民收入要在原有基础上翻一番。始终坚持把促进农民持续增收作为“三农”工作的中心任务，不断调整富民思路和政策措施，积极推进就业安民，大力实施创业富民，全力推动政策惠民，城乡居民生活水平不断提高，农民增收长效机制正在逐步形成。

1. 始终坚持把推进农村劳动力转移就业作为农民增收的主要途径

常熟市围绕富民强市目标，抓住工业化、城市化、服务业加速推进的有利时机，打破城乡就业二元分割局面，加快建立一体化、全方位、宽领域的就业

运行机制，城乡一体化的就业服务体系已逐步形成，率先在全国实现城乡统筹就业。

一是政策体系日趋完善。在初步建立起城乡统一的就业、失业登记制度的基础上，2004年以来，常熟市制订出台了《关于进一步促进农村劳动力就业的若干意见》、《关于促进农民持续增收的意见》等政策文件，明确了建立农村劳动力职业培训减免费制度，鼓励用人单位招用农村劳动力，鼓励农村劳动力自谋职业和自主创业，公共职介机构继续免费为农村劳动力提供求职登记、信息咨询、职业指导及职业中介服务，以及设立"就业岗位贡献奖"等一系列优惠扶持政策。近年来，全市积极实施有效的就业促进政策，加大税费减免、小额担保贷款、零就业家庭就业安置、社保补贴等政策落实力度，有针对性地开展就业援助和就业服务。"十一五"期间，有10.47万人次就业困难人员基本实现再就业，累计发放灵活就业人员社会保险补贴2.03亿元，向吸纳就业困难人员的企业发放社会保险补贴3381.71万元。

二是技能培训不断深化。按照"实际、实用、实效"的原则，以市职业培训指导中心为龙头，各镇党校、成教中心、职业学校为基地，社会培训机构为补充，围绕不同行业、不同工种、不同岗位的用工需求，大力开展农村劳动力免费职业培训，全面推行职业资格证书制度，不断提升农民就业技能。

三是就业服务体系逐步健全。在推进城乡就业一体化发展过程中，通过不断完善，建立起了服务机构、信息网络、资源配置等一整套市场化运作机制，保持了就业率的稳定提高。"十一五"期间，全市累计提供就业岗位33.4万个，农村登记失业率连续五年稳定在3%以内，2013年上半年为2.59%。零就业家庭一人安置率达100%。农民就业率得到进一步提高。

四是困难群体就业得到有效援助。"十一五"以来，全市累计有14.6万名城镇登记失业人员实现再就业，10万名就业困难对象得益于公益性岗位开发实现了再就业，累计帮扶30户零就业家庭月内动态清零。目前，全市有90%左右的农村劳动力在二、三产业实现就业。

2. 始终坚持把引导鼓励创业作为农民增收的重要渠道

农民自主创业历来对常熟农村的发展具有十分重要的意义。常熟是苏南乡镇企业的发祥地之一。20世纪80年代初，常熟市碧溪镇曾以"离土不离乡，进厂不进城，建设新农村”的“碧溪之路”而闻名全国。1984年碧溪镇跨入了江苏省首批“亿元乡”行列。李鹏、乔石、习仲勋、费孝通等党和国家领导人先后来到这里视察，盛赞这里的农民走出了一条具有中国特色的、通向富裕繁荣的社会主义之路。碧溪之路当时的成功离不开一批锐意进取、勇立潮头的农民企业家，兴办实业，从而带动碧溪的农民就近就业，增加收入。

近年来，常熟市坚持把全民创业作为富民强市、全面小康的活力源泉，积极推进民营经济腾飞计划，通过完善创业政策，拓宽创业领域，降低创业门槛，增加创业机会，激发全民创业动力，释放民资发展潜力。同时，以建立国家级创业型城市为契机，大力开展全民创业带动就业工程，初步建立起了全民创业新机制。2012年，全市新增私营企业2337家，累计达2032万家；个体工商户新增12102家，累计达7.97万家，累计注册资本超过800亿元，在全省县（市）处于领先地位。民营经济对地方财政的贡献份额超过三分之一，就业人员超过全市从业人员总数的一半，促进了农村经济的繁荣发展，有效增加了农民收入。

3. 始终坚持把农村“三大合作”组织作为农民增收的重要举措

近年来，常熟市始终把推进农村社区股份经济合作社、土地股份合作社、农民专业合作社等农村新型合作组织建设为重点的农村改革，作为构建农民增收长效机制的一项重要举措来抓，积极引导，加快推进，使全市农村“三大合作”组织得到了持续健康发展，成了农民增收的新亮点。

到2012年底，全市已拥有以农业生产经营为主的各类农民合作组织283家，入社88916户，入社农户比例达到40%，带动农户1.2万户。同时，注重农民合作组织的规范化建设，涌现了一批拥有注册商标和通过农产品质量认证的合作组织，有52家合作社成了苏州市级以上农民专业合作示范社。为巩固农业适度规模经营成果，加快建设现代高效农业，2013年初，常熟市制订出台了《关于推进合作农场建设的意见》，目前全市各镇（区）已申报并正在组建的村级合作农场达到31个，已批准组建村级合作农场10家。

4. 始终坚持把现代农业建设作为农民增收的重要基础

从目前来看，虽然农民收入结构发生了根本性变化，农民收入中来自农业方面的比重不大，但农业作为基础性产业，地位独特，对于促进农民增收有着不可替代的作用。近年来，常熟市在推进城乡一体化发展中，不断强化农业的基础地位，认真落实强农惠农政策，通过土地适度规模流转，建设高效农业示范区，大力推进传统农业生产方式向现代农业经营方式的转变，不断增强农业综合生产能力。全市形成了优质大米、特种水产、花卉苗木、畜禽养殖、蔬菜果品等五大主导产业，高效农业比重达61.1%；无公害农产品、绿色食品、有机食品总额达266只，省、苏州市级名牌农产品55个；拥有农业龙头企业47家，带动市内外农户22万户；农业生态休闲功能不断拓展，全市已发展生态观光旅游点16个；拥有主要农机具2.5万台（套），稻麦生产综合机械化水平达91.3%。2010年水产养殖面积达到17.44万亩，蔬菜总产值突破14亿元，新增水稻产业化流转面积超过10万亩。现代农业的推进，有效地提高了农业生产效益，促进了农民增收。

蒋巷村自90年代以来，以独特的“农业起家、工业发家、旅游旺家”新思路，走出一条人与自然环境和谐发展、与经济社会协调发展的科学发展新路。初步建成以“村民新家园、蒋巷生态园、常盛工业园、农民蔬菜园和千亩无公害优质粮油生产基地”四园一基地为基本格局的独具水乡特色的社会主义新农村，全村经济总产值超过12亿元，年人均收入超过3万元。2011年3月蒋巷村被农业部评为“最有魅力休闲乡村”。

5. 始终坚持把全面落实惠农政策作为农民增收的有力支撑

一是强农支农政策不断健全。常熟市坚持把体制机制创新作为推动“三农”工作的关键来抓，积极构建政策制度框架，加快城乡一体化发展，近年来，先后制订出台了《关于加快推进城乡一体化发展的若干意见》，以及推进水稻产业化发展、农业保险实施意见、农业产业化资金扶持、调整农村养老保险制度、农村住宅置换商品房实施意见等一系列政策性文件，形成了整体推进农村改革发展的政策体系。

二是强农支农力度不断加大。增加政府财政对农业的投入，是国家支持保护农业的核心措施之一。农业现代化迫切需要增加政府财政支农投入总量，优化财政支农资金的使用方向，完善对农民的直接补贴制度，改进政府对农业投资的管理体制，发挥好财政资金引导作用，逐步建立起以政府财政为主导的多元化农业投入的稳定增长机制。常熟市非常注重发挥财政资金的支持和引导作用，大力推动现代农业发展，促进农民增收。财政支出重点向农业农村倾斜，确保用于农业农村的总量、增量均有提高；预算内固定资产投资重点用于农业农村基础设施建设，确保总量和比重进一步提高；土地出让收益重点投向农业土地开发、农田水利和农村基础设施建设，确保足额提取、定向使用，努力实现财政支农投入“总量持续增加、比例稳步提高”。

坚持继续落实各项惠农政策，规范发放粮食直补、粮种补贴、农机具购置补贴等。同时，加强改革创新，积极探索和完善资金整合、以奖代补、先建后补、民办公助等机制，引导和带动社会各方面加大对农业现代化的投入力度，为农业农村持续发展提供有力的资金支持。

三是农村社会保障机制日趋完善。近年来，常熟加快推进用地率70%以下村民小组、失水渔民及全失地农民的补偿安置工作。开展对已经落实补偿安置工作的无地组、部分征地组的资金发放情况、剩余土地管理等内容的检查，切实维护被征地农民利益。同时，建立征地补偿逐步增长和长效管理机制，不断提高被征地农民生活水平。

全市已基本形成“低收入农民有低保、被征地农民有社保、老年农民有养保、纯农业居民有农保、就业农民有城保”的格局，特别是2007年以来，随着全市征地补偿安置和城保扩面工作的加快推进，农村社会保障体系日益健全。至2013年6月，全市户籍劳动力养老保险覆盖人数达51.02万人，参保覆盖率与养老保障率均达到99.6%，全市居民基本（农村合作）医疗保险参保率达到99%以上，筹资标准提高到人均650元，市镇两级住院政策补偿比达到75%以上，住院实际补偿比达到55%，全市落实补偿安置政策的失地农民累计达30万人。保障水平进一步提高，无地无保障老年人员养老待遇进一步得到提高，被征地达到退养年龄的农民待遇也同步有所增加。

常熟市委、市政府在2007年8月出台的常政发〔2007〕55号文件，对相关问题作了很好的总结与梳理，是个承前启后的重要文件：

《关于征（使）用土地补偿和被征（使）用土地农民基本生活保障的实施意见》

（常政发〔2007〕55号）

各镇人民政府、虞山林场，江苏常熟经济开发区、江苏常熟东南经济开发区（外向型农业综合开发区），江苏常熟招商城，市政府各部门（直属单位）：

根据《中华人民共和国土地管理法》、《中华人民共和国农村土地承包法》和《江苏省土地管理条例》，为进一步完善《常熟市征地补偿和被征地农民基本生活保障办法（试行）》（常政发〔2005〕28号），切实保障全市被征（使）用土地农民的合法权益，现结合我市用地补偿安置的实际情况，提出以下实施意见：

一、补偿安置的时间范围

1. 2004年1月1日以后征（使）用土地的，按照本意见实施土地补偿和基本生活保障。

2. 1998年7月1日二轮承包（以下简称二轮承包）至2003年12月31日期间被征（使）用土地，已实施各种方式补偿的村（组）相关人员，可参照本意见实施基本生活保障。

二、补偿安置面积的确认

1. 被征（使）用土地村民小组补偿安置面积是指：（1）二轮承包以来依法批准的征（使）用土地面积；（2）尚未批准但实际占用的用地面积；（3）由于规划建设和招商引资需要，各镇、开发区已停止耕种，尚未发生建设行为的土地面积。

上述（2）、（3）两类土地面积，应由各镇、开发区落实办理用地或预征地手续。补偿安置面积由各镇、开发区组织清理核实，公示后经村、组确认（以村民小组2/3以上代表签字为准），实行建卡到户、人，以证换卡。

2. 被征（使）用土地村民小组人均耕地的基数面积，按照二轮承包时的确权面积确认。

三、补偿安置的对象

被征（使）用土地补偿安置的基本对象为二轮承包确权发证时户籍在册并有承包土地的农民。下列人员不享受补偿安置：

1. 集体经济组织内不享有土地承包经营权，不承担农业义务的人员；

2. 历次征地已安置的人员或已按有关安置规定落实安置措施，因本人原因未安置的人员；

3. 已按国家规定按月享受城镇退休养老待遇，且退职、退休时由非农业户口转为农业户口的回迁（含子女顶职后退休回迁）人员；

4. 历年来由于进城工作、参军转干、读书等原因而“农转非”和出生报非农业户，在户籍改革（户籍准入登记暂行办法公布实施）以后回迁的人员；

5. 上述第2类农村集体经济组织成员以外的婚迁人员；

6. 婚迁以外因投资、引进人才、投靠亲戚、挂靠户口、转包（租）他人土地承包经营权等原因迁入的人员；

7. 二轮承包后，上述第4类农村集体经济组织成员以外的出生人员；

8. 其他不符合征（使）用土地补偿安置条件的人员。

四、补偿安置的办法与标准

1. 对2004年1月1日以后被征（使）用土地的农民，划分为四个年龄段，按下列办法实行土地补偿和基本生活保障：

第一年龄段为16周岁以下人员。每人一次性领取6000元生活补助费，不再纳入基本生活保障范围。第二年龄段为女性16周岁以上至35周岁、男性16周岁以上至45周岁的人员。领取每人160元/月的失业补助费，最长期限不超过2年；其征地保障个人账户全部资金按规定置换城镇养老保险（以下简称“城保”）缴费年限，统一纳入城保管理，并按城保规定享受相关待遇，不再享受征地保障待遇。第三年龄段为女性36周岁以上至54周岁、男性46周岁以上至59周岁的人员。到达第四年龄段前，领取每人166元/月的生活补助费；到达第四年龄段后，实行基本生活保障，按月领取征地保养金。该年龄段人员按规定也可以申请办理置换城保缴费年限手续，纳入城保管理，同时终止征地基本生活保障关系。第四年龄段为女性55周岁以上、男性60周岁以上的人员。实行基本生活保障，领取每人180元/月的征地保养金。

前款所称“以上”均含本数。

2. 第三年龄段未申请置换城保缴费年限的被征（使）用土地人员，安置补助费20000元/人全部记入被征（使）用土地人员基本生活保障个人账户，属于被征（使）用土地人员个人所有。

五、补偿安置的资金

1. 补偿安置资金来源包括：

（1）被征（使）用土地70%的土地补偿费；

（2）每人20000元的安置补助费；

（3）政府从土地出让金等土地有偿使用收益中提取的部分（每亩13000元）；

（4）经营性用地净收益中提取10%，工业用地提取每亩5000元；

（5）财政预算每年安排3%；

（6）被征地农民基本生活保障基金的利息及其增值收入；

（7）市基本生活保障基金不足支付的，按上级文件规定执行。

2. 补偿安置资金的使用

（1）第一年龄段的安置补助费及被征（使）用土地70%的土地补偿费，主要分别用于支付第一、第二、第三年龄段被征（使）用土地人员的一次性补偿、失业补助费和生活补助费，上述费用由各镇、开发区纳入征地保障资金专户，并负责统筹发放，不足部分由镇、开发区财政负责解决。

（2）第二年龄段人员的安置补助费（每人20000元）统一置换城保缴费年限。

（3）第三、第四年龄段的安置补助费（每人20000元），主要用于支付第三、第四年龄段人员到达养老年龄后的征地保养待遇，安置补助费纳入被征地农民基本生活保障基金财政专户，由劳动保障部门负责发放。

六、补偿安置的政策衔接

1. 本意见实施之前，各年龄段人员实施的各项补偿安置标准已执行的部分按原规定；本意见下发之日后的具体衔接方案由市劳动保障部门会同市国土、财政部门另行制定。

2. 已按常政发〔2001〕127号、常政发〔2002〕116号文件进行补偿安置的年龄段人员的划分基准时间按原规定执行。

3. 二轮承包以来至本意见实施之日，未按常政发〔2001〕127号、常政发〔2002〕116号文件进行补偿安置的年龄段人员划分以2007年9月1日为基准时间。

七、补偿安置工作的组织实施

1. 征（使）用土地的补偿安置方案由各镇、开发区负责拟定。经公示后报市征（使）用土地补偿安置办公室审核，并报市政府批准。

2. 市各有关部门应加强配合、协调，做好相关工作，市成立征（使）用土地补偿安置工作领导小组，下设办公室。各镇、开发区也应成立相应工作机构，具体负责：

（1）负责征（使）用土地补偿相关政策的解释工作；

（2）接待处理、协调解决征（使）用土地补偿工作中出现的各种矛盾和问题，跟踪检查补偿政策的落实到位情况，抓好年度补偿工作的总结上报工作；

（3）做好征（使）用土地补偿面积、补偿人员和安置保养人员的登记、核实、汇总等基础工作，并建立相应的台账；

（4）土地补偿费的计算、核实、发放工作；

（5）安置补助费的计算和建立安置补助费个人账户的基础工作；

（6）以证换卡工作。

八、补偿安置的其他问题

本意见自2007年9月1日起实施，具体由市征（使）用土地补偿安置工作办公室负责解释。其他未尽事宜另行制定操作办法。

常熟市人民政府

2007年8月28日

2011年10月，为了进一步加快常熟市城乡一体化社会保障体系建设，妥善解决被征地人员基本生活保障问题，市委、市政府就被征地人员社会保障有关问题再次发文《市政府关于被征地人员社会保障有关问题处置的意见》，又作了如下进一步的规定：

养老保障方面：1. 被征地人员征地保养金水平，根据社会经济发展和物价指数变动情况，结合企业退休人员基本养老金的调整，建立相应的调整机制。2. 第二、第三年龄段被征地人员应该按规定参加企业职工基本养老保险，对到达法定退休年龄城保缴费年限不足15年，不符合按月领取基本养老金条件的，按照对应比例计发征地保养金，即对参保人员按规定应缴费未缴费的年限，以退休当年度基本征地保养金标准为基数，按照未缴费每满一年减发3%的标准计发（最低不低于450元/月），并纳入城保统一管理。

医疗保障方面：1. 第二、第三年龄段被征地人员参加基本养老和医疗保险，到达退休年龄办理城保退休手续时，安置补助费按规定置换的城镇养老保险缴费年限（7.5年）同时视作医保缴费年限，与医疗保险实际缴费年限合并计算，达到医疗保险最低缴费年限标准的（男满25年、女满20年），可以按规定享受退休人员基本医疗保险待遇；不足最低缴费年限的，可按规定办理补缴手续后享受基本医疗保险待遇。2. 纳入城保管理的第四年龄段征地保养人员，参照第二、第三年龄段人员的办法，全部安置补助费视同7.5年医保缴费年限，再对应男25年、女20年最低缴费年限要求，分别以女性到达55周岁、男性到达60周岁（以办理退休手续时确定的出生年月为准）当年的常熟市职工平均工资（2006年以后按照当年公布的补缴基数）为标准，乘以8%的补缴比例，对剩余的不足年限可以申请办理一次性补缴后（即男性补17.5年，女性补12.5年），享受基本医疗保险待遇。计算的一次性补缴金额低于8000元的，统一按照8000元标准补缴（具体补缴标准详见附表）。3. 对享受城保退休待遇且按规定已经补足医保最低缴费年限的被征地人员，其补缴的相应置换年限的医疗保险费，扣除到达法定退休年龄后已享受医疗保险待遇年限的补缴金额后，剩余补缴金额一次性予以退回（年平均补缴金额按照到达法定退休年龄起至平均预期寿命80周岁的年限计算）。

（二）常熟市农民增收的主要特点

近年来，随着常熟市经济建设和社会事业的快速发展，全市农村居民收入得到了持续稳定增长，2012年常熟农民人均纯收入19467元，比2011年的17289元增加2178元，增幅为12.6%。剔除物价上涨因素，实际增长10.4%。农民人均纯收入连续9年保持两位数增长，是2006年的2.1倍。2013年上半年常熟市农村居民人均现金收入14380元，较上年同期增加1381元，名义增长

10.6%，扣除物价因素，实际增长7.4%。

农民生活水平和生活质量有了较大改善，具体而言主要有以下几个特点：

1. 工资性收入是收入上涨的主要动力

随着农村劳动力转移到非农产业就业率的不断增加，使工资性收入在农民人均纯收入中的比重逐年提高，2010年全市农村劳动力工资性收入占人均纯收入的比重达到55%左右。2012年，常熟农民人均工资性收入12540元，占全部纯收入的64.4%。2013年上半年，常熟市农村居民人均工资性收入8968元，比上年同期增加932元，同比增长11.6%，拉动现金收入增长7.2个百分点。工资性收入占现金收入的比重略有提高，达到62.4%，在现金收入中依然占据主导地位。市场劳力成本的刚性增长、新生代农民工素质的提高、政府最低工资线及指导线的提高以及企业吸纳和稳定劳动力的措施，特别是建筑装潢五匠、保姆等服务性行业日工资，技工人才月工资的快速增长，城乡一体化推进后农村退休再就业渠道增加收入增多等，是工资性收入增长的主要原因。

2. 家庭经营收入二、三产业贡献继续上升

2013年上半年，常熟市农村居民人均家庭经营收入3770元，比上年同期增加349元，增长10.2%。家庭经营收入对现金收入的贡献率为25.3%，拉动现金收入增长2.7%。

分行业看，第一产业稳定、收入获取份额减少，主要品种为夏收粮食稳中略增、收购价提高，蔬菜与水产量、价齐升，畜牧业收入下移。上半年，从第一产业取得的现金收入人均374元，同比增长2.6%，占家庭经营收入的9.9%，比上年同期减少0.7个百分点。二、三产业贡献继续上升，上半年，二、三产业现金收入人均3396元，比上年同期增加340元，同比增长11.1%，占家庭经营收入的90.1%。二、三产业家庭经营增长的主要成因是，常熟家庭经营一是以纺织、服装、圆机、横机、模具、货架等的生产与销售为主，受宏观经济影响小；二是中央八项规定减少了高档宾馆的消费，同时引发了家庭经营个体小餐馆的火爆。

3. 财产性收入保持稳定

2013年上半年，常熟市农村居民人均财产性收入729元，同比增长3.8%。从具体内容看，有增有减。增长的主要有：本市农村土地流转速度的

加快、农民转让承包土地经营权租金收入增加，农村三大合作组织推进、土地股份制形态形成，农民分配红利逐年增加。减少的是：股票投资收益，企业股金分配收益。

4. 转移性收入继续上升

随着城乡一体化的加快推进，常熟市在全面落实国家各种强农惠农政策的基础上，结合本地实际，陆续出台多项财政支农政策，深入推进农村“三大合作”改革，完善以被征地农民补偿安置为重点的农村社会保障体系，不断提高保障水平，使转移性收入逐渐成为农民收入新渠道。2013年上半年，常熟市农村居民人均转移性收入913元，同比增长8.6%，对现金收入的贡献率为5.3%。转移性收入增加的主要因素为离退休、失地农民、社会养老等待遇的提高。2013年上半年，调查户人均离退休金、养老金为512元，同比增长15.8%；领取新型农村养老保险人均185元，同比增长15.5%。

二、促进常熟农民持续增收的困难与问题

近年来，常熟市农村居民收入有了较大幅度增长，生活水平和生活质量有了较大提高。但进一步促进农民持续增收的难度较大，实施农民收入倍增计划还有不少困难问题，主要表现在以下几个方面：

（一）就业收入增速趋缓

首先，从当前宏观经济形势来看存在不小的困难。当前，我国宏观经济面临需求放缓、通胀压力、外贸压力、流动性压力等诸多问题，上半年常熟市工业经济指标增长仅5%左右，在这种形势下，要保证农民收入以较快的速度增长，更需要我们付出巨大的努力。

其次，从收入结构上来看，工资性收入是多年来常熟农民收入的主要来源。由于农村劳动力整体素质偏低，与企业对劳动者在文化素质、技能水平等方面越来越高的要求之间存在着一定差异，且失业人员对岗位的期望值偏高，“高不成、低不就”现象比较普遍，再加上外来劳动力的冲击，部分农村劳动力就业依然存在一定困难，尤其要从较低收入岗位向较高收入岗位转移，难度更大。同时，一些企业存在不按规定安排工作时间、劳动条件较差、工资报

酬偏低等问题。所有这些情况，都直接影响到农民收入的稳定提高。

（二）投资创业困难较大

由于受信息、资金、技术等方面的限制，再加上激烈的市场竞争环境，农民自主创业的难度不断加大。同时，随着经济社会的快速发展和生活水平的不断提高，农民“小富即安”的心理越来越强烈，缺乏自主创业的热情和勇气，要通过投资创业促进农民收入快速增长不容乐观。

（三）政策增收空间有限

随着社会主义新农村建设和城乡一体化改革发展的推进，常熟市各项财政支农政策已陆续到位，在全国率先实行农业税减免，农民合同内实现了“零负担、零交费”。农村社会保障体系得到了进一步完善，保障水平也有了不断提升，但农民收入增长的空间将比较有限，难以有较大的增长幅度。

政策制定与具体落实也有着一定的距离。近几年，本地区从上到下都制定了一系列促进农民增收的政策，也有不少突破，对调动农民的积极性起到了很大的作用，但也有个别政策受法律、法规或其他多种因素的制约仅仅停留在纸上得不到落实。比如村集体10%的留用地政策、农民专业合作社的税收优惠政策、征（使）用土地的集体补偿政策、农村公共事业公益性岗位的用工补贴和社保补贴政策等都没有得到很好的落实，这在一定程度上影响了农民增收。

（四）村集体经济增收困难

一是村集体经济增收渠道单一。近年来，由于村级支出呈现上扬态势，尤其在农村基础设施建设、公益事业建设、为民办实事、农村社会保障等方面刚性支出越来越大，导致村集体经济支出压力较大，部分村集体经济产生债务。

二是村集体经济发展不平衡。由于各村地理环境、资源条件不同，导致农村集体经济发展差距拉大，集体经济发展不平衡现象比较严重。比如，发展比较好的勤丰、蒋巷、梦兰、康博等，村级财力可达2000万元，但也确实存在一批经济薄弱村，比较困难。

三是村集体资产管理不规范。存在部分村干部对村集体资产管理规定不清楚，民主管理、民主决策意识不强，在处理集体资产时违反规定程序和组织纪律，造成村集体资产流失，给村集体经济发展造成了一定的损失。

四是农民对信息把握不准。不少农民看到别人种什么自己就种什么，看见什么项目效益好就上什么，往往造成一哄而上的局面，增产不增收。农民在市场变化的过程中，显得束手无策。政府部门对农民也缺乏有效的信息引导，导致农民决策缺乏依据，最终挫伤农民创业积极性，影响农民收入稳定增长。

（五）社会保障体系城乡一体化建设亟须进一步完善

发展中的事物总是需要不断完善。综观常熟社会保障体系城乡一体化建设的历程和现状，两个方面尚需进一步改善：

第一，社会保障水平仍需进一步提高。以时间序列的纵向角度看，常熟社会保障水平有了明显改善，但与常熟的经济发展水平相比，社会保障发展还有待进一步提高，多项社会保障项目还停留在“低水平，广覆盖”阶段，这与常熟人均国内生产总值12.3万元（按常住人口统计）的经济发展水平不太相符。因而，政府应进一步加大对社会保障的投资力度，使之与常熟区域经济发展水平相一致，在社会保障的广度和深度上有新的发展和突破。

第二，农村社会保障需进一步完善。社会保障的供给是政府对公共资源的配置过程之一，公平性是社会保障建设要遵循的原则，社会保障的提供不仅仅是社会福利的问题，更是一种再分配过程的制度安排，在城乡居民收入方面的差距日益拉大的情况下，社会保障向农村居民的倾斜可在一定程度上缓解经济上现实的不平等性。常熟市政府从政策层面对农村社会保障建设进行的探索和实践，政策导向上力求实现公平性，缩小城乡差距，但这仍是一项任重道远的长期工作。现阶段，农村社会保障建设虽取得较大进展，但与城镇社会保障水平相比还存在差距，城乡协调，统筹发展，逐步实现城乡基本社会保障均等化仍是常熟社会保障建设的战略方向。政府在社会保障体系建设中，要继续加强农村社会保障体系建设，逐步实现城乡基本社会保障均等化。

（六）农民自身素质和观念的制约

农村的劳动力工资水平不高与其自身素质和就业观念有很大的关系。目前，大部分的农村劳动力还存在就业能力弱、岗位技能差等问题，且“小富即安，工作要体面、轻松”等观念严重影响了农村劳动力的就业和创业。

三、构建农民持续增收长效机制的思考与对策

促进农民持续稳定增收，是推进城乡一体化发展的主要任务。当前及今后一个时期内，必须紧紧围绕农民人均纯收入倍增计划，坚持就业、创业、产业、物业并举，推动强村带富民，着力构建农村持续增收长效机制，逐步缩小城乡收入差距。

（一）加大就业创业扶持力度，拓宽农民增收渠道

农民的创业与就业是增加农民收入最重要的基石。我们应当进一步营造良好的创业环境从而激励农民创业的积极性，降低其创业成本，提高其创业成功的概率。

一是完善政策体系。培育城乡统一开放、平等竞争、规范有序的人力资源市场，构建市、镇、村三级人力资源社会保障工作体系和信息网络，实现城乡就业服务平台对接。通过社保补贴、税收减免、岗位补贴、用工补贴等优惠措施鼓励农民多形式就业，提高企业吸纳农村剩余劳动力，强化就业援助。通过各项优惠政策鼓励用人单位吸纳农村就业困难人员，进一步将公益性岗位的范围延伸至行政村，大力开发公益性岗位，提高被征地农民就业率，“农村零转移贫困家庭”至少一人实现比较稳定就业。

二是开展专项活动。持续推进充分就业社区（村）创建工作，巩固建立充分就业创建示范点，积极为农村居民提供就业、培训、维权、参保等方面的服务。实施“春风行动”鼓励农民工进城务工，健全城乡统一的社会就业失业登记制度，借助民营企业招聘周、再就业援助月等活动安置和鼓励农民多渠道多形式就业。

三是推进创业工作。建立城乡一体化的创业推动工作机制和协调机制，加大创业扶持力度，加快创业孵化基地的培训，开展“一镇一品”促进就业创业活动，实施积极的创业就业政策，在创业培训、社保补贴等方面给予农民创业优惠，建立和完善政策咨询、创业培训、专家评析、项目推荐、创业孵化、融资服务、开业指导和后续服务的“八位一体”农民创业服务机制。

四是注重培训引导。建立完善登记、培训、中介、用工衔接配套的农民就业培训服务体系，农民可免费接受就业指导培训、职业技能培训等。加快乡镇创业指导服务机构和村级创业指导站、创业培训机构的建设，提高创业培训质量。

五是提升创业环境。农民创业是一个环境适应过程，任何一种环境因素变动都可能导致创业的失败，因此，为正确引导农民创业，需要从创业环境的整体出发，提高环境之间的整合程度，提升农民创业质量。第一，在优化社会环境的同时，优化资本环境；社会环境的安定是农民发挥创业机会识别能力的保障，而资本的获得是农民把握创业机会的基础，因此，两者应同步进行。第二，在优化制度环境的同时，优化技术环境；制度的激励作用和技术的保障作用是农民创业成功的先决条件，因此，政府在加强制度供给的同时，要建立完善的技术市场，提高农民创业的技术可得性。第三，正式制度与非正式的社会网络治理相结合，在正式制度上加强对农民创业的支撑和约束的同时，加强非正式社会网络治理的管理，一方面在工商、税收、卫生和社会服务方面提升制度的效率，简化程序，提高创业审批效率，降低农民创业成本；另一方面，加强农村诚信建设和乡村文明建设，加强宣传和教育，提高农村社会网络的治理效率。

（二）提高农业综合生产能力，注重发展现代高效农业

认真落实强农惠农政策，通过土地适度规模流转，建设高效农业示范区，推进传统农业生产方式向现代农业经营方式转变。

一是发展现代高效农业。这是促进农业增效、农民增收的有效渠道。要加快推进农业规模经营，把扩大农业规模经营作为现代农业的主要方向，着力建设一批土地集中连片、农田基础设施完善的水稻产业化基地。进一步增加土地流转面积，提高农业适度规模经营比重，重点建设好各类农业产业基地，在搞好规划的基础上加快推进规模较大的现代农业产业园建设，着力提升董浜蔬菜、坞丘水稻等农业示范区的建设水平。进一步提升农业科技化、市场化水平，加快农业转型升级，加快建成一批优质高效的水稻示范区、水产示范区和蔬菜示范区。

二是着力培育龙头企业。农业龙头企业外连市场、内接农户，既能帮助农

民把产品推向市场，又能将市场信息和新技术、新品种及时带给农民，对推进农业产业化、促进农民增收具有重大作用。积极开展农业龙头企业示范创建活动，充分发挥农业龙头企业规模、品牌、带动作用。强化现代营销理念，积极从单纯重视生产向既重视生产又重视现代营销转变，通过向加工、包装、储运等环节拓展延伸，拉长农业产业链，提高农产品附加值。不断加强农户与龙头企业的利益联结，从而带动农民增收致富。

近年来，常熟市的农业龙头企业不断发展壮大，充分发挥龙头企业在现代农业建设中的带动作用，加快推进农业产业化经营，截至2013年6月，全市已培育省级龙头企业6家，苏州市级龙头企业14家，常熟市级40家，有效地带动了农业产业基地的建设和发展。

总部位于常熟市古里镇的田娘农场是常熟市第一家“家庭农场”。田娘农场有限公司，是由种粮大户高健浩创立于2002年5月。农场构建了“公司+家庭农场”的运作模式，总经营面积达6800亩。其中，从古里镇坞丘村562户农户处流转土地2050亩，由田娘农场直接经营，同时与周边区域的37户家庭农场合作，这37户经营面积近4800亩，每家大都在一两百亩之间。

三是注重开发新兴业态。利用农宅置换商品房的契机和农村新型社区人口不断聚集的优势，建立健全社区服务业网络，围绕新兴产业做大做强集体经济的同时，增加农民收入。深入推进农业向二产三产延伸，积极发展休闲农业、生态观光农业和乡村旅游，不断提升并发挥现代农业的附加效益，使之成为农民就业、增收的重要途径。

四是加快推进农业科技创新。提升农业科技创新中心的综合水平和能力，拓宽园艺、水产、畜牧等领域的科技创新，重点建设一批蔬菜育苗中心、示范水稻机插秧工厂化育秧基地；创新种养模式，发展循环科技、生物技术。开展科技入户工程，加快新品种、新技术、新肥药、新农机的示范推广步伐。

五是强化农业服务体系建设。开展新一轮的新型农技推广队伍体系建设，加强对各级各类农技人员农业知识的更新培训和职业农民的培训，提高农业信息服务水平。引导并扶持集体、企业、合作组织参与农业社会化专业服务，不断拓展服务领域和服务内容。

(三)保障农民土地权益，让农民分享土地增值收益

所谓土地增值收益，是指改变土地现有用途或增加开发强度新增的纯收益。一般地，土地出让总价款扣除地上附着物补偿费、青苗补偿费、拆迁补偿费、土地开发费和相关业务费等五类费用后，剩余金额可视为土地增值收益，它包括支付给农民的土地补偿费、安置补助费和社会保障费用，也包括政府收取的各类税费和获得的出让金纯收益。农民的土地权利因为土地流转内容不同呈现不同内容。在土地流转中要切实维护农民的各种土地权益。

一是在承包土地使用权流转中，注重农民权益的保护。截至2013年6月，全市土地适度规模经营面积达到47.37万亩，占实有农用耕地面积的82.87%；全市土地流转费最低标准达到700元/亩，部分镇达到1400元/亩。2012年，全市公共财政支农转移支付7.55亿元，占公共财政比重的5.9%，市镇两级对水稻产业化土地流转合计补助400元/亩。

在承包土地流转中，充分尊重农民对承包土地的自主权。土地流转后的用途可以区分为公益性用地和经营性用地。公益性用地带有一定的强制性，但要对农民做必要的补偿；非公益性的用地，与农民应该有一个协商的程序，要建立与农民商谈达成共识的机制。遵循自愿原则流转农民土地，防止农民土地“被交易”。还要尊重农民对承包土地的收益权，在土地流转中，建立科学的土地承包经营权流转价格的定价体系。

针对新形势下全市土地流转等方面出现的新情况和新问题，2013年初，常熟市又专门制订出台了《关于进一步规范全市农村承包土地流转管理的意见》，进一步明确了规范农村承包土地流转的基本原则、目标任务和措施要求，有效提高了农户流转土地承包经营权的积极性。

二是在宅基地流转过程中，尊重农民对土地的各种权益。当下，常熟的宅基地流转主要通过“置换”进行，即农村住宅置换商品房。这是常熟市委、市政府贯彻落实科学发展观，推进城乡统筹发展做出的一项重大战略决策，是常熟市深入推进农村改革、促进城乡统筹协调发展、改善农民生产生活环境和质量的有效载体，也是解决城市化、工业化进程中用地难题的有力抓手。

自2010年起，常熟就科学制定了《常熟市农村住宅置换商品房十年规划》，一部规划，逐年推进。根据《规划》，用10年左右的时间置换约3万户农

户，每年全市计划置换2500户到3000户。各镇的安置小区选址基本上以镇政府所在集镇的核心区域为主，以中高层和多层公寓房相结合。论证和规划侧重考虑了三个因数：一是农民意愿度较高；二是近期规划建设中的拆迁区域；三是农宅置换后便于农田形成成片耕作，有利于现代化农业发展。

我们以海虞镇为例加以说明。按照中央新型城镇化的总体要求，海虞镇不断推进城乡一体化进程，持续推进小城镇建设。海虞镇城乡一体化进程将分以下阶段来实施。近期2010—2012年，通过置换、拆迁农户3000户；中期2013—2020年，通过置换、拆迁农户达到13000户；远期2021—2025年，通过置换、拆迁农户达到20000户；远景2026—2030年，通过置换、拆迁农户达到21000户；达到与总体规划的良好衔接。

海虞城乡一体化建设有限公司为优化城乡土地利用结构和布局，推进小城镇城市化进程，促进城乡统筹协调发展，规划启动建设农村住宅置换商品房项目1号地块、2号地块、周行安置区、福山安置区等五块启动区：①海福新城一期工程建筑总面积84359平方米，其中地下车库面积3974平方米，可安置231户（506套）。②海福新城二期工程建筑总面积201792平方米，其中地下车库10333平方米，可安置638户（1320套），预算总投资5.25亿元。③福山安置区位于福山聚福村，可安置户数338户（676套）。④周行安置区位于周行里泾村，总占地面积为14053平方米，建筑总面积为270791平方米。⑤海福新城2号地块一期安置区工程，可安置396户（764套），总投资约3.41亿元。

海福新城是常熟市海虞镇农宅置换商品房工程，规划用地总面积248亩，总建筑面积28万平方米，预计总投资7.95亿元，可安置农户869户。

三是在集体征用土地过程中，尊重农民对土地的各种权益。农村土地流转还表现为将村民承包地征用为集体经济的用地或村镇建设的用地。目前，农民对这方面的权利意识还不完整，可能给今后的农村建设留下隐患。今后，在征用土地中除给予农民必要的补偿外，要将承包地、宅基地之外的集体土地以及其他土地资产、资金的收益量化到人，把农民对集体资产的收益权做实，不留下制度空子。

（四）深化完善体制机制，实施富民强村工程

发展村级集体经济，实现农民增收，是促进农村经济发展和社会全面进步的重要手段，要不断深化农村改革，发展壮大村级集体经济，促进农民增收致富，加快建设富裕、繁荣、和谐的新农村。

一是大力发展物业经济。持续推进生产经营性物业用房建设，努力探索多元化、多样化的集体经济发展路子。对有土地、资金等条件的地方，继续支持和鼓励村级集体经济组织通过联合投资置业、跨区域发展等多种形式，在区位相对优越的地方或工业集中区内发展生产经营性物业用房。

二是推进村企挂钩工作。继续加大村企挂钩力度，把现代工业理念引入农业领域，以建设现代农业合作项目为重点，鼓励和支持挂钩双方共同发展生态农业、品牌农业、高效农业，促进村级财力建设和农民增收。

常熟市专门出台了《关于实施村企挂钩推进城乡一体化发展的意见》，进一步促进偏远薄弱村的经济发展。

三是建立生态补偿机制。根据市委、市政府《关于建立生态补偿机制发展农村经济的意见》，从政策上、机制上积极探索实践，加强对生态环境的保护、修复和建设，发展村公益事业和村级经济，充分发挥生态补偿政策在“富民强村”中的促进作用。

四是进一步完善农村“三大合作”改革。积极完善农村“三大合作”组织，是构建农民增收长效机制的重要内容。一是创新经营制度。通过以“公司＋基地＋家庭农场＋合作社”模式为示范典型，以村级合作农场为探索方向，带动和促进全市专业大户、家庭农场和农民专业合作组织的提升发展，努力形成现代农业多种经营体制共同发展、相辅相成、彼此促进的发展格局。二是加强规范建设。通过抓强合作社组织建设和制度建设，进一步健全完善机制；抓好示范社示范带动作用，实行优胜劣汰，进一步做大做强做优合作组织；加强业务培训，加大宣传引导和政策扶持力度，进一步营造良好的发展氛围，努力提升合作组织规范化建设水平。三是创新发展方式。深化社区股份合作制改革。积极稳妥推进资产量化、股权“固化”等改革，通过边试点边探索边总结，逐步扩大改革范围；鼓励和引导其打破行业和地域界限，整合“三资”，通过参股、联营、长期投资、异地投资等多种形式，扩大联合与合作，组建联合发展平台，实现资源共享、优势互补、形成规模和集聚效应，不断提升经济实力和市场竞争力。提升农民专业合作社水平，在充分发挥带动农民互助共赢发展的同时，鼓励其以产品和产业为纽带开展更为广泛的合作与联合，尤其在农产品深加工、流通、销售等高利润环节开展高级合作，兴办农产品加工业，开展实体化经营，提高农产品附加值和销售利润；鼓励组建农民专业合作联社，整合区域资源，打响区域品牌，建立健全农产品质量追溯、检测监督等制度，不断提高发展水平、产业层次和市场竞争力。完善土地股份合作制，积极探索承包土地多形式的确权登记，深化土地股份合作制改革，使其成为今后新增土地流转的主要形式，促进农业规模经营，切实化解农村承包土地流转的矛盾，加快土地集中和农业产业化发展。稳妥推进各类富民合作社组织建设。现金参股各类农村新型合作经济组织，在科学论证、保证资金安全的基础上，鼓励农民以现金增资扩股，加快农民投资性（富民）股份合作社建设，增加农民财产投资性收入，并通过送股、配股等形式，让农村困难户也能增加财产投资性收入。同时，延伸服务领域，健全服务体系，不断提升农村新型合作经济组织集约化、产业化发展水平和综合化、社会化服务水平。

（五）完善农村社会保障体系，做好扶贫帮困工作

1. 社会保障是城乡一体化体系建设的重要保障

在常熟社会保障城乡一体化建设发展过程中，有两个因素发挥了重要作用：

其一，经济发展是社会保障体系逐步建立并趋完善的原动力。经济发展是推动常熟社会保障发展的最根本的因素。显而易见，经济发展为社会保障发展提供资金保障，没有经济持续稳定的增长，空谈发展社会保障仿佛无源之水、无本之木。常熟社会保障体系的建立与完善正是建立在经济发展的坚

实基础之上的。伴随着常熟经济的发展和财政收入的增加，政府对于社会保障的投入也持续增加，社会保障的范围、水平和质量才会逐步改善。归根结底，社会保障体系的建设要以经济发展为基础，只有经济发展了，才能保证社会保障持续稳定的长效投入机制正常运作。

其二，政府在社会保障体系建设中发挥了不可替代的主导作用。毫无疑问，政府在常熟社会保障体系建设中发挥了主导作用。首先体现在政府对社会保障建设的政策导向十分明确。近年来，常熟市政府为推动社会保障建设多次出台多项政策，为社会保障建设保驾护航，尤其是对农村居民的社会保障问题，政府出台多项具有前瞻性的政策，保障农村居民平等享有各项社会保障权利。其次，政府对社会保障建设的投资作用明显。社会保障体系的不断完善离不开各级政府的投入。常熟社会保障发展的实践再次证明：现阶段社会保障体系建设，政府重视是前提，经济支撑是保障，财政支持是核心。

2. 农村社会保障体系的建立完善，对于促进农村经济可持续发展、切实维护农民利益具有重要的意义

下一阶段，应着重抓好以下几个方面的工作：

一是继续开展新型农保工作。在顺利实施新型农保制度的基础上，进一步完善农村养老保险政策体系，提高部分老年人员社会养老补贴标准，确保试点工作顺利进行。加快推进参保和待遇享受全覆盖，将本地户籍人员全部纳入社保范围，争取扩大外来务工人员的覆盖面。探索将其他未享受城保待遇的老年群体纳入城保的办法措施，通过低标准补缴或财政补助补缴的办法纳入，从根本上解决其长效保障问题。继续推进纯农人员农保转接城保工作，并建立起稳定的增长机制。

二是健全医保、低保等各类保障制度。努力缩小城乡保障差距，重点建立以最低生活保障为基础，社会救助为补充的综合性、多层次的救助体系，进一步完善居民基本（农村合作）医疗保险制度，提高农村合作医疗统筹标准。医保参保率稳定在99%以上。完善特困人群医疗救助制度，提高群众受益水平。

三是认真落实被征地农民补偿安置政策。加快推进用地率70%以下村民小组、失水渔民及全失地农民的补偿安置工作。开展对已经落实补偿安置工作的无地组、部分征地组的资金发放情况、剩余土地管理等内容的检查，切实维护被征地农民利益。同时，建立征地补偿逐步增长和长效管理机制，不断提高被征地农民生活水平。

四是加强扶贫帮困工作。通过资金、技术、市场“三扶到位”的开发式帮扶，建立低收入农户持续增收的长效机制。进一步完善农村社会慈善基金和社会救助体系，增加农民福利性收入，逐步提高低收入家庭生活水平。

思考题：

1. 建立农村金融服务体系对于构建农民增收长效机制有什么重要意义？
2. 谈谈你对农村土地使用制度创新的理解与认识。
3. 为什么说农业现代化与新型工业化、信息化、城镇化之间必须同步推进？
4. 农村社保体系的建立对于城乡发展一体化的重要意义有哪些？

第七篇　提高公共服务均等化水平

摘要：近年来，常熟市在加快经济发展的同时，更加注重城乡基本公共服务均等化，取得了显著的成效并积累了宝贵的经验，表现为三个注重：注重基础建设，注重惠民服务，注重健全体制机制。但离真正实现城乡基本公共服务均等化的发展目标还有相当距离，突出表现在现代文明理念的渗透不足，社会力量尚未得到有效利用，发展不均衡等等。推进城乡基本公共服务均等化需要进一步将现代化的文明理念宣传惠及农村和农民；需要重视发动社会力量参与基本公共服务供给；需要结合当地实际情况，充分发挥财政的支持作用，提高建设的协调性和配套性，实现城乡居民共享改革发展成果。

向社会成员提供均等的基本公共服务，是现代政府的基本职责之一。党的十六届六中全会首次明确提出实现城乡基本公共服务均等化目标。经过党的十七大、十七届三中全会、十八大等重要会议的强调和部署，基本公共服务均等化总体实现已成为到2020年全面建成小康社会战略目标的重要内容。

位于“长三角”经济带中心的江苏省常熟市，自改革开放以来，抓住了发展乡镇企业、开放型经济、民营经济三次机遇，实现了富民与强市良性互动、经济与社会协调并进、城市与农村共同繁荣、环境与发展同步提升，率先跨入“全面小康”，在城乡一体化方面走在江苏乃至全国前列。自2008年下半年被国务院发展研究中心列为首个城乡统筹农村综合配套改革固定联系点后，常熟市加快了推进城乡一体化的进程。

近年来，常熟市以科学发展观为指导，在加快经济发展的同时，注重城乡基本公共服务均等化，统筹推进城乡基础设施建设和社会事业发展，加快构建促进基本公共服务均等化的长效机制，取得了明显成效：城乡经济社会协调发展，城乡居民收入差距缩小，城乡公共服务体系全面覆盖，农村公共服务水平大幅度提升，全体社会成员都能够均等地享受基本公共服务。

一、基本公共服务均等化及其必要性

什么是公共服务与基本公共服务均等化。公共服务（public service），狭义的公共服务不包括国家所从事的经济调节、市场监管、社会管理等一些职能活动，即凡属政府的行政管理行为，维护市场秩序和社会秩序的监管行为，以及影响宏观经济和社会整体的操作性行为，都不属于狭义公共服务，因为，这些政府行为的共同点，是它们都不能使公民的某种具体的直接需求得到满足。公民作为人，有衣食住行、生存、生产、生活、发展和娱乐的需求，这些需求可以称作公民的直接需求。公共服务满足公民生活、生存与发展的某种直接需求，能使公民受益或享受。譬如，教育是公民及其被监护人，即他们的子女所需要的，他们可以从受教育中得到某种满足，并有助于他们的人生发展。如果教育过程中使用了公共权力或公共资源，那么就属于教育公共服务。但是，诸如执法、监督、税收、登记注册以及处罚等政府行为，虽然也同公民发生关系，也是公民从事经济发展与社会发展所必需的政府工作，但这些类别的公共活动却并不是在满足公民的某种直接需求，公民也不会从中感到享受，只是公民活动的间接公共需求的满足，所以类似政府行为都不是公共服务。

基本公共服务均等化，是指平等地、非歧视性地满足城乡居民的基本公共服务需求，是全体国民共享国家发展成果的基本途径。它以公民平等的公共服务享有权为基础，以政府为责任主体，以相关制度安排与服务供给为载体，以公共资源合理配置为支撑，以向城乡居民提供与其基本需求相适应的普惠性公共服务为目标。

推进基本公共服务均等化，是深入贯彻落实科学发展观、坚持以人为本、保障和改善民生的需要，也是保持社会稳定、促进社会和谐的基础。党的十七届五中全会提出，着力保障和改善民生，必须逐步完善符合国情、比较完整、覆盖城乡、可持续的基本公共服务体系，提高政府保障能力，推进基本公共服务均等化。在我国现阶段，基本公共服务均等化涵盖的内容是多领域、多层次的，如区域之间、不同社会群体之间、城乡之间等。其中，推进城乡基本公共服务均等化是一个重要方面。

改革开放30多年来，国民经济持续高速增长，城乡居民收入与生活水平有了大幅度提升，但社会事业的发展却相当滞后：公共服务供给不仅总量有限，而且在城乡之间、群体之间的差距依然极大，一方面，城乡居民对教育、公共卫生服务、社会保障相关服务等的需求还无法得到充分满足；另一方面，各种公共服务又因有需要者的户籍壁垒导致的身份差异，在城乡之间的非均等化现象十分严重。

推进城乡基本公共服务均等化是缓解并缩小城乡差距的关键因素。在工业化、城市化进程中，工业和服务业的收益大于农业收益，这是个客观规律，由此带来的差距具有一定的客观性，但政府提供给城乡居民的基本公共服务却不应当有过大的差别，尤其要防止“负福利”现象。从公平正义和制度建设的角度看，缓解和缩小城乡差距重在通过缩小城乡基本公共服务差距以缩小发展机会和发展能力的差距。这是新阶段统筹城乡发展的一个重大课题。

推进城乡基本公共服务均等化是发展现代农业的关键因素。农村现代化的关键是劳动力素质，教育投入对于提高农民的收入水平是极为重要的。同时，也有研究表明，农村教育投资效益也相当显著，比如说，教育投入对农业产值的贡献率高于农村基础设施的贡献率，每增加1元农村教育投资，可以使农牧业产值增加8.43元，而每增加1元农村基础设施投资，农牧业产值仅增加6.75元。农村教育投入比农村基础设施投入产生的效益高25%。

推进城乡基本公共服务均等化是维护社会公平和谐的关键因素。农村地区公共服务的严重不足，农民对社会公平度认可度严重偏低，社会矛盾日益尖锐化，干群关系的紧张，在很大程度上都与公共服务供应不足和基本公共服务不均等有着密不可分的内在关系。着力推进公共服务均等化是以人为本理念的具体体现，也是落实“十八大精神”的具体体现，应成为各级政府的基本职责。公共服务均等化能够促进社会公正，维护社会稳定，具有明显的政治意义。

二、常熟市推进城乡基本公共服务均等化的发展实践

2008年，苏州市被确定为江苏省“城乡一体化”发展综合配套改革试点区。试点内容包括：在城镇与农村之间，科学合理地优化配置土地、劳力、资金等各种生产要素，促进城乡经济社会协调发展、一体化发展、可持续发展。随后，苏州市提出要率先形成城乡发展规划、资源配置、产业布局、基础设施、公共服务、就业社保和社会管理一体化的新格局。这七个一体化中，后三个就是涉及公共服务的主要内容。常熟市更是国务院发展研究中心确定的“城乡一体化”综合配套改革固定调研联系点。常熟市根据城乡一体化的发展要求，以城市总体规划为引领，初步构建“一城四片区”的总体框架，形成“主城区—小城市—农村社区”三级城镇空间体系，促进小城镇发展，促进城乡基本公共服务有效对接。以城乡基本公共服务均等化为重要载体，以城乡生活条件同质化为目标，初步建立了城乡统一的教育制度、医疗制度和社会保障制度等，为农村居民提供较为便捷的公共服务。

（一）推进城乡教育资源统筹

“十一五”以来，常熟市认真贯彻国家有关政策方针，坚持优先发展、育人为本、改革创新、提高质量、促进公平的工作方针，全面推进了教育事业城乡一体发展、优质均衡发展，相继获得“省幼儿教育先进市”、“省普及高中段教育先进市”、“省规范教育收费示范市”、“省义务教育均衡发展先进市”、“省师资队伍建设先进市”、“省全面实施素质教育先进市”、“省义务教育经费保障示范市”、“中国人口早期教育暨独生子女培养示范区”、“省0—3岁科学育儿示范基地”等荣誉称号。

1. 落实三大保障，全面推进教育城乡一体化

完善管理体制。常熟市不断完善“以县为主”的教育管理体制，概括起来即为：教育事业统一规划、学校办学统一标准、教育经费统一标准、师资队伍统一管理、教师待遇统一尺度、办学水平统一要求。市教育局负责制定城乡

教育发展规划，合理调整城乡学校布局，综合管理指导城乡各类教育。市财政局、教育局负责制定城乡教育经费年度财政预算方案和教育经费筹措办法，监督检查城乡学校教育经费使用。市教育局统一管理校级干部任免及教师招录、调配、业务指导。

履行党政职责。市委、市政府将推进教育城乡一体化写进党委和政府工作报告，市委常委会、市政府常务会议定期听取教育城乡一体发展汇报，市政府与各镇（场）每年签订教育目标责任书，实行严格考核。市委、市政府主要领导定点联系学校，亲自协调解决教育优质均衡发展、城乡一体发展过程中的重点难点问题；分管领导主抓教育改革发展，协调推进学校布局调整、教师绩效工资、招生工作、学校安全工作、师资队伍建设等重大事项；市人大、政协经常调研、视察教育工作，为教育发展建言献策；市教育、财政、税务、人社、综治等部门和各乡镇各司其职，形成了以党委、政府为主导，教育系统为主力，各部门协同配合，全力推进常熟教育城乡一体发展、优质均衡发展的良好局面。

制定政策措施。继“十五”期间，常熟所有乡镇都成功创建为“省教育现代化乡镇”，常熟市成功创建为“江苏省教育现代化建设先进市”后，“十一五”开局之年，市委、市政府出台了《关于加快建设现代教育名城率先实现教育现代化的决定》，并制定了《常熟市“十一五”（2006—2010）教育发展规划》。2009年，市政府出台《常熟市中小学预算管理、日常财务管理办法》和《常熟市中小学经费安排标准》，提高农村学校公用经费，实现城乡学校预算内日常生均公用经费标准统一。2010年11月，常熟市召开全市教育工作会议，制定《常熟市中长期教育改革和发展规划纲要（2010—2020）》及《常熟市“十二五”（2011—2015）教育事业发展规划》。为落实“以县为主，城乡一体”要求，在实现教育事业统一规划、教师队伍统一管理、教师待遇统一标准、校长队伍统一管理的基础上，市政府出台《关于加快城乡教育一体化现代化的意见》。随后又出台了《常熟市2011—2013年学前教育三年行动计划》和《常熟市2011—2013年外来工子弟学校三年提升行动计划》等文件，促进全市教育在办学条件、装备设施、师资队伍、办学质量等方面的全面协调、高位均衡发展。

2. 坚持五大均衡，体现教育城乡一体建设成效

学校布局科学均衡。“十一五”期间，常熟市推进新一轮学校布局调整，围绕“优质均衡”，启动新一轮城乡教育布局调整，倾力打造现代化学校。按五星级高中标准新建乡镇高中1所，新建乡镇职业学校1所（2007年建，目前为三星级），新建乡镇初中小学8所、幼儿园10所；按五星级高中标准新建直属高中1所，按三星级标准新建直属职业学校1所，新建初中小学3所、幼儿园2所。新建和改扩建校舍面积超过678937平方米，教育固定资产总值从18.1亿元猛增到35.22亿元。教育布局调整整合了一批规模小、办学实力相对较弱的乡镇学校，使城乡学校布局更加科学、办学实力更趋均衡，每所小学服务人口从1.1万人提升到2万人，每所初中服务人口从2.7万人提升到3至5万人，每所高中（含职业中学）服务人口从7.4万人提升到10万人，城乡学生都能就近接受优质的教育。

办学标准均衡普惠。目前，全市96%以上的公办幼儿园成为苏州市级以上优质幼儿园，80%以上的公办幼儿园成为省优质幼儿园，每个乡镇至少有一所省级标准的公办幼儿园，学前教育实行划区招生、就近入园，所有常熟籍幼儿都拥有幼儿园学位；所有初中、小学都成为苏州市教育现代化学校；三星级普通高中实现全覆盖；职业学校全部达到省重点职业学校以上标准；高标准建设常熟市特殊教育学校，实现乡镇小学特教班全覆盖，并向学前教育和高中段延伸；12所外来工子弟学校全部建成苏州市合格外来工子弟学校，2008年开始市政府每年拨款1000万元以上实施校车专业化运行，接送外来工子女上放学，并由财政拨款提供安保设施等；乡镇社区教育中心校全部达到苏州市社区教育中心标准，成功创建省社区教育实验区，积极创建国家级社区教育实验区，常熟市老年大学成为首批苏州市教育现代化老年大学。

办学经费均衡统一。“十一五”期间，常熟市不断完善教育公共财政保证体系、教育财政统筹和运行机制，建立“国库支付中心”，将义务教育全面纳入财政保障范围，实行预算单列，建立中等职业教育、普通高中教育和学前教育等经费保障机制。全市教育经费投入逐年提升，并做到向乡镇倾斜。2006年全市教育经费投入10.98亿元，向乡镇投入6.52亿元；2007年教育经费投入13.5亿元，向乡镇投入7.21亿元；2008年教育经费投入15.03亿元，向乡镇投入8.53

亿元；2009年教育经费投入16.32亿元，向乡镇投入10.05亿元；2010年教育经费投入20.73亿元，向乡镇投入12.75亿元。统一城乡学校预算内日常生均公用经费标准，2010年全市小学预算内生均公用经费实际支出为967元，初中实际支出为969元，普通高中、中等职业学校及学前教育分别为537.39元、660.17元、255元。

为保证城乡每一名学生接受教育的权利，常熟市在实施免费义务教育的同时，建立了“免、补、助、奖”全方位的学生资助体系，特殊教育实行全部免费，所需经费全部由财政承担。

2008年开始，全市教职工工资（包括各类津贴、补贴）由市财政局委托工资代发银行直接划入教师个人工资账户，保证全市公办学校教职工工资统一标准、统一发放、逐年提高。2009年全市义务教育学校教师实施绩效工资。2010年全市非义务教育阶段学校教师参照实施绩效工资。

师资水平均衡提升。“十一五”期间，在通过组织全员培训、骨干教师培训、新教师培训、行政人员培训等提升师资与管理队伍总体水平的基础上，常熟市建立完善了“校长、园长异地交流制度”、“乡镇学校中层以上干部城区学校挂职锻炼制度”、“城区百名骨干教师支持乡镇学校制度”，有效提升了乡镇学校管理队伍与师资水平。每年一次的全市骨干教师奖励向乡镇骨干教师倾斜，稳定乡镇骨干教师队伍。严把乡镇学校新教师准入关，输入新生力量，增强乡镇学校师资发展基础。建立各学段教学协作组，以城乡联动、合作互助的形式，均衡城乡师资队伍建设水平。2010年，全市有苏州市名教师、名校长、学科带头人165人，幼儿园教师大专率达93.74%，本科率达48.23%；小学教师大专率达88.9%，本科率达60.58%；初中教师本科率达89.52%；全市中小学教师中教育硕士（含在读）415人，普通高中教师教育硕士（含在读）比例达13.48%。“双师型”教师比例达64.89%。全市骨干教师比例超过28%。城乡各级各类学校骨干教师比例和职称水平呈均衡发展态势，学校发展潜力得到充分激发。

办学水平优质均衡。“十一五”期间，常熟市统一城乡学校办学水平要求，全市学校办学水平呈现齐头并进之势。五年中，城乡学校新增塑胶跑道39块、风雨操场16块，有71所中小学建成了塑胶跑道，海虞镇、古里镇学校实现了塑胶跑道全覆盖。普通教室终端显示大屏幕覆盖率达到85%，安装了300多套多媒体互动教学系统。全市公办学校100%达到教育技术装备水平省颁二类标准，复评通过率100%，近30%的学校达到一类标准，26所学校建成首批“苏州市教育技术装备管理先进学校”。“苏州市图书馆建设年工程”成效显著，全市学校馆藏图书质量和数量有大幅提高，生均藏书达到40余册。0—3岁婴幼儿家长培训率、0—3岁婴幼儿早期教育覆盖率达80%以上，学前三年教育毛入园率、义务教育巩固率、高中段教育毛入学率保持100%。普职比稳定在1:1左右。高考录取率保持在95%以上。从业人员年培训率达50%以上，社区教育覆盖率达100%。

3. **围绕四大任务，纵深推进教育城乡一体化**

常熟市“十二五”教育发展明确了“构建优质均衡的基础教育体系”“打造优质特色的职业教育品牌”“创新高覆盖广延伸的社区教育模式”“集聚综合多元的教育发展优势”四大教育发展任务。将通过加强领导、优先投入、加强统筹、落实责任等措施确保完成四大教育发展任务，使常熟市到2015年城乡一体化迈上更高水平：所有幼儿园成为省、市优质园；80%以上的义务教育学校达到苏州市高水平现代化学校建设标准；100%的普通高中建成省优质高中，80%以上的高中建成省示范高中；职业学校全部建成省三星级以上学校，再创1所省四星级，争创1所国家级高水平、示范性学校；100%的乡镇（街道）社区教育中心达到苏州市教育现代化建设标准，市老年大学创建成高水平现代化老年大学，常熟市创建成国家级社区教育示范区；建立更加完善的教育公共财政保证体系、教育经费财政统筹和一体运行机制，对城乡义务教育学校的人员经费、建设经费、校舍维护经费、设备购置经费、日常公用经费、师资培训经费等实行统一标准，由市财政统一拨付，建立健全全市学校生均公用经费和校舍维修经费逐年增长长效机制；重点培育和引进3名苏州市中小学教育名家，15名教授级中学高级教师、特级教师，110名苏州市名教师、名校长、学科学术带头人，全市幼儿园、小学、初中教师本科及以上学历分别达68%、70%、98%以上，普通高中教师教育硕士（含在读）比例达22%，“双师型”教师比例超过85%；全面提升全市各校信息技术装备水平，90%以上的学校达到国家教育信息化标准；0—3岁婴幼儿早期教育覆盖率达90%以上，老年教育普及率达

30%，从业人员年培训达70%以上。

城乡学校教育呈现“体系完备、优质均衡、内涵丰厚、特色鲜明”四大特征，常熟市民人人享受平等教育、优质教育、幸福教育。

（二）优化城乡统一的卫生服务体系

近年来，常熟市公共卫生事业发展有了长足进步，各项卫生指标均接近世界中等发达国家水平。2008年，根据常熟市经济社会事业发展情况和卫生工作的实际，制定了《2008—2012年常熟市公共卫生体系建设实施意见》。总体目标是到2012年，构建起适应经济社会发展、适应多元化需求的医疗卫生服务体系、全民健康保障体系和公共卫生政策体系；全体居民人人享有基本健康保健和优质的医疗服务，主要卫生指标接近世界中等发达国家水平。《意见》提出要突出基本医疗服务，完善“小病进社区、大病去医院、康复回社区”的医疗服务体系，引导医院错位发展，提高区域医疗卫生服务能力和水平，逐步形成结构合理、分工明确、功能完善、优质高效的医疗服务网络。

大力发展社区卫生服务。修订完善新一轮社区卫生服务机构设置规划。加快虞山镇社区卫生服务中心建设，推进莫城、福山、王庄、冶塘、辛庄卫生院向中心转型工作。深化社区卫生服务机构、卫生院运行机制改革，开展收支两条线管理、药品零差率销售的试点，探索补偿机制改革。继续完善全科团队服务和责任医生制度，落实社区首诊和双向转诊，通过主动服务、优质服务、降低费用等方式，切实改善服务，减轻群众费用负担，引导患者充分利用社区卫生服务，提高满意度。社区卫生服务机构100%开展团队服务，家庭服务签约率55%以上，居民健康档案建档率达60%以上，60岁以上老人建档率达到90%以上。市属医院充分发挥好对乡镇卫生院的传、帮、带的管理效能，推进分级诊疗和双向转诊制度，真正意义上发挥市镇二级医院服务集团的互补优势，深化城市支援农村卫生内涵。有序、规范开展全市一级医院（卫生院）复核评价和评审工作。常熟市虞山镇藕渠社区卫生服务中心、尚湖镇练塘社区卫生服务中心分别是由原藕渠卫生院和练塘中心卫生院转型改建而成。近年来，两所社区卫生服务中心坚持科学发展观、坚持为人民健康服务宗旨，严格按照省卫生厅制定的建设标准和示范中心评估标准，从硬件和内涵两个方面加以调整、改造、加强和提高。中心统一设置综合办公室、医疗康复部、预防保健部，做到功能分区合理，流程科学；中心使用社区卫生服务统一标识和名称，符合提供社区卫生服务的人文环境要求，内涵建设方面突出公共卫生与基本医疗并重，突出主动服务，突出人才队伍建设，突出内部管理，充分发挥“六位一体”功能，加强出诊、巡诊，深入社区家庭提供便捷服务；全面开展老年农（居）民免费体检工作，建立健康档案，努力为居民群众提供综合、连续、主动的基本医疗和公共卫生服务，为保护和促进居民健康做出了成绩，分别被省卫生厅确认为江苏省城市和农村示范社区卫生服务中心。

进一步优化城乡医疗卫生资源配置。近年来，常熟市充分发挥市级综合医疗机构品牌和人才、技能优势，向重点乡镇延伸服务，起到服务新城区、贴近群众、分流病人的目的。完成市一院滨江院区的工程建设，做好市二院传染病分院、二院支塘院区、市中医院妇儿医疗保健综合楼等工程开工准备。继续完善社区卫生服务中心、站建设，在全市区域内建成市级医疗中心、中心卫生院、社区卫生服务中心、社区卫生服务站组成的四级医疗服务体系，逐步实现“小病不出村、大病不出镇、重病不出市”的目标。

多措并举确保医疗质量和安全。近年来，常熟市试行临床路径管理，市一院、二院各试点5个病种的临床路径，鼓励其他二级医院积极开展临床路径管理工作，并以此为抓手，规范诊疗行为，提高医疗质量。积极推广中医药适宜技术，并延伸到各社区，发扬中医药传统特色，减轻患者经济负担。制订切实可行的护理质量标准和持续改进措施，开展示范护理病区建设，有序推进无陪病区试点，努力提高护理质量和水平。贯彻落实医院感染管理法规、规范，强化院感管理工作。贯彻落实《苏州市医疗纠纷预防与处理办法》，进一步完善医患纠纷人民调解工作机制，确保全市门诊部以上医疗机构医疗责任保险参保率100%。

加强公共卫生服务能力建设。探索建立规范的绩效评价指标体系，完善健全公共卫生服务绩效考核和人员绩效工资制度。以创建江苏省卫生应急示范市为契机，推进市级突发公共卫生事件应急决策指挥平台建设，加强卫生应急装备及物资储备，积极开展卫生应急培训和演练。强化卫生监督执法工作，稳步推进公共场所量化分级管理工作，加强生活饮用水卫生监测、监督工作。推进职业病危害建设项目履行“三同时”制度，开展作业场所职业危害因素监测、用人单位职业健康监护等监管工作。进一步加强医疗市场监管，严厉打击非法行医活动，维护医疗服务市场的正常秩序。完善市医疗急救中心运行模式，进一步提升突发公共卫生事件医疗救治能力。强化城乡医疗卫生机构公共卫生职能，将原来3大类8大项全面扩展到9类22项基本公共卫生服务项目，同时向流动人口覆盖。探索无偿献血新机制，无偿献血占临床用血比例达到100%，成分用血比例达99.2%。

做好疾病预防控制、妇幼保健和重大公共卫生事件工作。认真落实结核病、艾滋病、血吸虫病、乙肝、疟疾等重大传染病和高血压、糖尿病等慢性非传染性疾病的防治措施。继续高度重视甲型H1N1流感，加强疫情监测，加强重症病例的早期识别和救治。进一步巩固结核病防治成果，加强流动人口结核病防治和耐药结核病防治工作。继续加强血吸虫病、地方病等监测、防治工作，全面完成血寄地防各项目标任务。启动重性精神疾病治疗管理项目，困难重性精神疾病患者免费服药率100%，社区治疗管理率达70%以上。进一步加强妇幼卫生服务体系建设，依法规范妇幼卫生服务，完善妇幼卫生信息网络管理。继续实施好“妇儿健康”工程，加强母婴安全管理，降低孕产妇和婴儿死亡率，孕产妇死亡率小于8/10万，婴儿死亡率小于5‰，免费婚检率达95%以上。

（三）繁荣城乡公共文化事业

为深入贯彻落实胡锦涛总书记对江苏提出的“六个注重”的新要求，贯彻中共中央办公厅、国务院办公厅《关于加强公共文化服务体系建设的若干意见》（中办发〔2007〕21号）精神，落实市委提出的“把常熟建成同类城市中城市环境最为秀美、文化事业最为繁荣、富民强市最为协调的现代江南名城”这一总体目标和《常熟市创建国家、省公共文化服务体系示范区建设规划》（常政办发〔2011〕99号）要求，加快繁荣文化事业，提升文化软实力，更好保障人民群众基本文化权益，促进先进文化发展成果的全民共享，结合常熟市实际，提出了“十二五”期间进一步加强公共文化服务体系建设工作的意见。

深入贯彻落实科学发展观，牢牢把握先进文化的前进方向，坚持以政府为主导，鼓励社会力量积极参与，统筹规划、重心下移，加大投入、分步实施，突出特色、争先率先，着力完善公共文化服务网络体系，着力提高公共文化服务供给能力，争创国家、省级公共文化服务体系示范区，推动文化建设与经济建设、政治建设、社会建设、生态文明建设协调发展，为把常熟市建成现代江南名城和率先基本实现现代化提供强有力的文化保证。

公共文化服务网络遍布城乡。常熟市以“双六”工程促进新农村文化建设，围绕构建和完善覆盖城乡的公共文化服务体系目标，先后制订下发了常熟市农村文化设施“六个一工程”实施细则和创建常熟市村（社区）文化“六个有工程”示范点实施细则，出台了相关考评奖励措施。同时，进一步完善和量化了镇（场）“新风杯”考核标准。2008年5月，常熟被文化部首批命名为“全国文化信息资源共享工程示范市”。坚持群众文化生活城乡一体繁荣，全市实现了村村有文化广场、有“农家书屋”，并努力做到硬件设施现代化、科普资料多样化、使用功能综合化。每年评选表彰农村群众文化“十佳社区”、“十佳广场文化活动”、“十佳团队”、“十佳辅导员”，推动群众文化活动广泛深入开展。各地推出一系列富有特色的农村文化活动，丰富了农民精神文化生活，提升了农民文明素质。

坚持文明创建活动城乡一体联动。各地结合实际，以文明、生态、卫生、科普镇村等创建活动为抓手，积极探索创建新载体。常熟市连续20年开展“新风杯”竞赛，使工作有了有力抓手。完善新风杯竞赛实施方案，将社会主义新农村建设的工作要求贯彻落实到新风杯竞赛活动中，使精神文明建设的目标任务在农村基层落到实处。实施“十村万户文明示范工程”，把树立诚实守信的文明乡风、倡导环保生态的生活方式、培养自觉学习的良好习惯作为文明村创建的具体内容，将村民道德风尚建设水平与享受相应村级福利直接挂钩，使文明村创建的品位更高，文化内涵更丰富。推广沙家浜红石社区文明村创建先进经验，开展先锋之星、和睦之星、育才之星、创业之星、卫国之星“五星家庭”评比活动，弘扬文明新风，培养新型农民。进一步弘扬尊老敬老的传统文化，拓展“万名媳妇献孝心”系列活动，推广梅李镇倡导孝爱文化的成功经验，以重阳节为契机，发动全市城乡万名媳妇向公婆长辈敬献孝心，送上一份子女对长辈的厚礼，献上一片真诚的爱心。

坚持以文化人培育新型农民。常熟市以培育新型农民为目标，以丰富农村文化活动为重要载体，通过系统的思想道德教育和丰富多彩的群众文化活动，寓教于乐，以文化人，不断提高农民的思想文化素质，有效推进了城乡文明一体化进程。

深化思想教育，提高农民素质。坚持把加强思想道德教育作为农村精神文明建设关键环节，全面提升农民思想素质。一是用社会公德引导人。编写文明读本、礼仪读本，制订行为规范，拍摄农民道德行为规范电视短剧，组织乡风文明系列评论，教育引导农民讲文明、树新风。二是用榜样力量感召人。以常德盛被中宣部树立为全国重大典型为契机，通过专题报告会、电视系列片、文艺演出等多种形式，引导广大农民学习典型、践行公德。全市涌现出十佳道德模范、百名文明市民标兵、千户文明标兵家庭、万户特色文化家庭。三是用法律法规教育人。开设农民学法用法电视专栏，编写农民法律读本，组织普法讲师团和学法文艺演出团队，深入农村基层进行巡回宣讲和演出，增强农民学法用法积极性。

弘扬孝爱文化，优化社会风气。坚持以弘扬孝爱文化为载体，以文化人促进社会和谐。从2007年开始，以“婆媳情深、共创和谐”为主题，在重阳节期间组织“万名媳妇献孝心”特色系列活动，发动全市农村妇女向公婆长辈敬献孝心，开展婆媳同台演出、共话真情、共做佳肴、共游沙家浜等特色活动，给老人道一声祝福、送一件冬衣、献一份爱心，使传统重阳佳节成为孝爱文化节。梅李镇以“爱家人、重亲情”为切入点，编集古今孝星佳话，评选十佳孝星，建立孝化研究会，成为省级孝爱文化之乡。

坚持城乡联动，丰富农村文化。按照结构合理、发展均衡、网络健全、运行有效、惠及农民的原则，实施构建农村公共文化服务体系“双六工程”。全市公共文化设施建设实现四个全覆盖，即文化信息资源共享工程村村通、行政村图书室建设村村有、文艺演出村村到、市图书馆乡镇分馆镇镇有。组织“文化惠民村村行”和十镇百团群众文化巡回演出活动，建成白茆山歌馆、徐市灯谜馆等一批特色文化场馆，形成王庄戏曲、虞山民乐等一批特色文化团队，进一步丰富了农民群众精神文化生活。

常熟首个村级四季书场——梦兰四季书场10月1日正式开演，由梦兰村党委与常熟市评弹团联手开设，是梦兰村开展精神文明建设、文化惠民的一项举措，旨在进一步活跃和丰富村民的精神文化生活，打造梦兰村特有的文化品牌。梦兰四季书场每年演出60场次，春夏秋冬每季度演出一部长篇书目，每季连演15天。届时常熟市评弹团将邀请上海、苏州、扬州等地的评弹名家和知名演员为村民演出长篇评话和弹词，村民们在家门口就能欣赏到自己喜欢的评弹节目。

（四）完善农村社区服务管理体系，构建“政社互动”格局

为满足农民群众的生产、生活需要，近年来，常熟市积极推进农村社区服务中心建设，在规划建设上，突出农民主体地位，充分尊重农民意愿，服务中心建设规划列入村民代表会议表决内容，建设资金由村民主理财小组审核，建设项目实施招投标，项目竣工审计报告在村务公开栏公示，接受群众监督；在组织管理上，明确服务中心是为村民提供生产、生活服务的载体，由村委会直接管理，原则上由村主任或副书记兼社区服务中心主任，村委会成员兼任各服务站站长，服务中心工作人员采用聘任、志愿者、个体经营人员相结合的办法解决；在服务项目上，各服务中心都建设了“一站式”便民服务大厅，向村民群众提供党员服务、行政办事、卫生保健、农业服务、治安保障、文化娱

乐、商贸服务等便民服务。同时，各村还依托服务中心，通过社区文化、农技科普、法制宣传、健康教育等形式，弘扬乡风文明，推进农村社区和谐社会建设。

农村社区服务中心全部实现了规范化运作。本着因地制宜的原则，常熟市在建设农村社区服务中心时根据各地的实际，尽量避免重复建设。常熟服装城根据发展要求托管毗邻的新建、青莲、湖泾3个村。这3个村总人口仅4560人，如果各自建设服务中心，按每个中心200万元建设资金计算，起码要投资600万元。服装城充分考虑3个村村域面积小、地域相互交叉、民风相近的特点，在尊重民意的基础上，合建一个社区服务中心，投资400万元资金，就完成了整个中心的建设。建农村社区服务中心的目的是方便群众、服务百姓。为规范运作，2009年以来，常熟市制订了《农村社区服务中心建设基本标准》及《验收评分表》。标准对社区用房面积、一站式服务、人员配备、绿化环境、功能配置等都提出了明确要求。除了基本服务外，根据各村实际增添服务中心的服务项目，残疾人保障、消费者投诉、食药监工作、居家养老服务、党员服务等项目都是在服务过程中拓展出来的。古里、沙家浜、辛庄等镇的水产特色明显，梅李、董浜、碧溪以蔬菜种植为主，这些镇的社区充分利用中心这一载体，开展多形式的服务培训，大大提高了群众的参与度，充实了服务的内涵。

建成江苏省首个农村“智慧社区”。只要一台电视机、一只互动机顶盒就能在家里享受信息、医疗、金融、安保等全方位服务。村民到社区“健康小屋”工作站，掏出身份证在一台机器上一刷，便完成身份信息注册。然后在社区医生的指导下，依次在各种仪器上测量身高、体重、血压、血氧，做心电图、人体成分分析等，每做一次检测，数据就会在电脑上显示出来并且储存进个人电子健康档案。通过家中的电视，进入到“智慧社区”信息平台的健康医疗项目，输入身份证号，刚刚检查的各项个人健康信息一目了然。“智慧社区”是常熟广电部门依托有线数字网络开发的一项农村信息化服务项目，它通过建设包含“互动电视、信息交换、金融结算”功能的综合信息服务平台，将高清机顶盒升级为家庭综合智能终端，从而为用户提供广泛的、个性化的、交互式的智慧化综合信息服务，主要有“政务信息、文化教育、交通出行、健康医疗、金融服务、电视商务、社区服务、便民信息”八项核心功能。智慧社区的建设是提高居民生活质量的一件好事、实事，今后还将根据村民的需求，不断增加智慧社区的服务内容，进一步完善服务功能，建设具有康博特色的信息化服务平台。

据悉，作为常熟广电探索“智慧常熟”建设的一项重要课题，“智慧社区”服务项目建设未来将在城市公共服务和社区信息化建设方面发挥积极作用。目前，除康博村外，虞山镇梦兰村、支塘镇蒋巷村也已在进行“智慧社区”项目试点，今后还将向全市城乡社区推广。

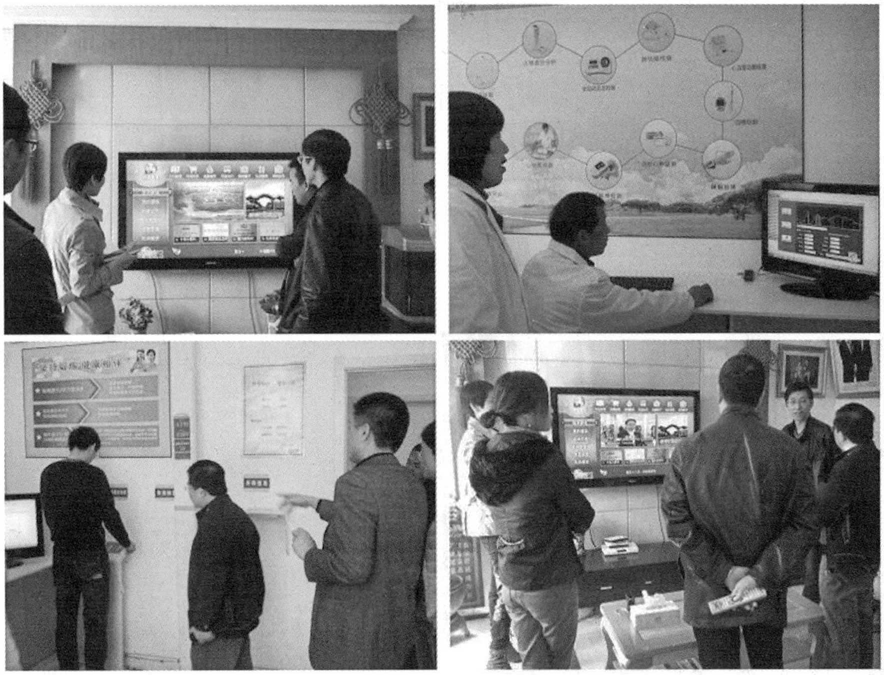

2012年11月常熟市古里镇康博村被授予“苏州有线智慧示范社区（村）”，成为江苏省首家农村智慧社区。“智慧社区”是常熟广电部门依托有线数字网络开发的一项集电视、通信、互联网三大功能于一体的农村信息化服务项目。康博村又在数字电视节目中建设了“智慧康博”资讯平台，开设了“政务信息”等8大栏目和“村务公开”、“健康档案”等52个子栏目，增强了与村民的双向互动。村民只要在家里打开电视机，足不出户便可知晓世界大事，掌握生活知识，了解农事建议等；点点遥控器，就能便捷地查询煤气、水、电、电话等使用情况和账单，还能办理各种费用代缴业务。

三、常熟市推进基本公共服务均等化的基本经验

常熟市在推进基本公共服务均等化过程中积累的宝贵经验，主要可以概括为以下三个方面：

（一）注重基础建设，完善服务功能

基本公共服务的提供及其均等化，需要有相应的环境条件。常熟市加快城市基础设施向农村延伸，统筹推进城乡交通、水利、环保、电力等重大基础设施建设，注重各类设施间衔接配套，健全管理、运营和维护机制，形成城乡一体的基础设施网络。

布点配套城乡一体。为了让农民真正享受城市化的公共服务，在布点规划城乡一体化示范小区时，政府让出原本可以作为中高档商业楼盘的区域，使城乡一体化示范小区都基本建于城镇或靠近城镇区域，方便村民出行购物，充分享受各类公共服务。以虞山镇为例，在配套建设上更是狠下功夫，以优于一般商业开发小区配套设置的标准，打造每个城乡一体化示范小区。质量安全全面把关，为确保示范小区工程质量、建设速度与施工安全，政府发挥协调作用，施工单位、监理公司等各参建单位对每道工序都严格把关，确保把示范小区建成放心工程、精品工程。为让更多农民享受到与城里人一样的居住条件，常熟市高标准建设城乡一体化示范小区。到2012年底，全市农民集中居住率达47%，工业企业向园区集中比例达90%，土地规模经营比例达82%。常熟市科学规划，修编完善村庄布局规划，积极稳妥推进城镇化，走上了集约、智能、绿色、低碳的新型城镇化道路，目前已经形成了现代社区型、集中居住型、整治改造型、生态自然型、古村保护型五种居住形态，实现了保护利用、产业发展、农村繁荣的有机统一。

城乡交通一体化基本实现。近年来，常熟市相继出台了加快公交发展的一系列扶持政策，实施了城市公交、城乡公交公车公营改造，开通了镇域公交，基本建立了覆盖全市的三级公交网络，有效缓解了城市交通压力。常熟市自2009年9月1日首批开通镇域公交以来，不断增加城乡客运投入，优化城乡客运网络，加密运营班次，先后实施了沿江开发区（碧溪新区）、梅李镇、辛

庄镇、古里镇、支塘镇、海虞镇、尚湖镇、沙家浜镇、董浜镇等9个乡镇的镇村公交，共计57辆公交车、26条线路，营运线路长度约262公里，日运行里程约5700公里，日均发班368次，平均班次间隔约30分钟，日均客流2500人次。交通运管部门在完善线网构建的同时，也积极推行公交便民优惠举措，自2011年10月起，镇域公交采取等同城市公交的模式，采取无人售票并实施刷卡优惠举措，各乡镇办理IC卡达3万多张，大大方便了农民群众的出行，改善了群众乘车条件。至去年5月，常熟市9个乡镇全部开通镇域公交路线，率先基本实现现代化指标体系中的镇域公交开通率达到100%。

城乡一体的供电供水供气网络基本建成。近年来，常熟市乡镇发展踏上"高速公路"，城乡经济社会发展一体化新格局全面铺开。常熟供电公司各个乡镇城乡一体化工程积极开展，除了硬件设施配套齐全，目前常熟乡镇地区农民在享受用电服务上也得到了提升，以前农村农民缴纳电费需要上营业厅或者银行，由于网点较少，排队时间较长，农民缴费并不方便，现在利用常熟本地常客隆超市的网点，大大方便了农民缴费，目前常熟城乡一体化电力配套工程共涉及11个乡镇的31个项目，在刚刚过去的2012年已经有5个投运，今年还有26个项目将陆续投运，其中有6个项目于2013年夏天用电高峰前完成送电投运。20世纪60年代的城乡改水让常熟人已经享受到了自来水的洁净与便捷，八九十年代的区域供水又让常熟人感受到了供水行业的服务理念与水质保证，2006年，常熟市委、市政府在深入调查、充分酝酿的前提下，引入世界先进的技术和管理经验，对常熟供水企业进行了改制，转让国有股权49%，由常熟市城建公有资产经营有限公司和中法水务投资有限公司合资组建了常熟中法水务有限公司，根据市委、市政府城乡统筹发展的战略部署，常熟中法水务有限公司积极推进镇营业所的整合，并在此基础上实施管养一体化改革，从原来30多个镇营业所的分块管理、独立经营到10个中心营业所统筹发展、统一管理，规范了经营管理的内容，呈现出乡镇地区供水服务一盘棋的良好局面。天然气管网已覆盖城镇规划区内的农民集中居住点，到2011年末，常熟天然气管网实现"镇镇通"，总长度达1130多公里，集中供热区域达到市域面积的80%。

信息服务网络全覆盖基本实现。早在2008年常熟就在全省率先完成城乡一体化数字电视整体转换，拥有数字电视用户达34万户，其中农村用户占60%，网络双向率达96%。“智慧社区”是常熟广电部门依托有线数字网络开发的一项农村信息化服务项目，它通过建设包含“互动电视、信息交换、金融结算”功能的综合信息服务平台，将高清机顶盒升级为家庭综合智能终端，从而为用户提供广泛的、个性化的、交互式的智慧化综合信息服务。按照计划，“十二五”期间，常熟全市城乡全部建成“智慧社区”，覆盖34万用户，率先建成我省乃至全国首个“广电有线智慧示范市”。

（二）注重惠民服务，创新管理思路

常熟市将公共服务管理的重心向基层下移，搭建适度集中的基层公共服务平台，将政府包办、效率低下的基层行政组织转化为集中开放式的政务服务中心，实现了从对上负责到面向居民的重大转变。

搭建社区（村）人力资源和社会保障公共服务平台。为适应城乡一体化发展、推动公共服务均等化要求，实现人力资源和社会保障精细化管理和网格化服务，在充分调研的基础上，常熟市全面推进社区（村）人力资源和社会保障公共服务平台建设。2012年，全市基层人力资源和社会保障公共服务平台已实现全覆盖，306个社区（村）均挂牌设立“人力资源和社会保障服务站”和“创业指导站”，实现专职人员配备达100%。社区（村）人力资源和社会保障公共服务平台建设是社会公共服务体系建设的重要内容，是城乡一体化发展的具体要求。常熟市按照“精简、统一、效能”的原则，优化组织结构，延伸服务深度，做到机构、人员、职责、场所、经费、制度“六到位”，全面加强社区（村）人力资源和社会保障公共服务平台建设，不断完善人力资源社会保障市、镇、村（社区）三级服务体系，实现人力资源社会保障工作与经济社会的协调发展。

加大基础设施投入。通过划转办公场所等途径，成立社区（村）人力资源和社会保障服务站，或在集中服务的社区（村）公共服务中心设立人力资源和社会保障服务窗口，开通公共网络，配备网络服务基础设施，为当地居民就近提供现代化的人力资源和社会保障服务。

保证人员资金配备。通过公开招聘、在岗位培训等方式，按照服务对象的人数，为每个社区（村）人力资源和社会保障服务站配备1名以上专职工作人

员。所有专职人社协管员都取得职业资格证书后持证上岗。协管员专项经费纳入财政预算，地方财政按不低于市级财政的标准给予匹配。

统一公共服务职责。按照上级的统一要求，明确了每个社区（村）人力资源和社会保障服务站的工作职责，包括政策法规宣传、咨询，人力资源社会保障基础信息维护，就业、创业、失业登记管理和跟踪服务，就业困难人员认定和就业援助，社会保险经办和退休人员的社会化管理，劳资矛盾排查和协调处理等等。

创新公共服务方式。社区（村）人力资源和社会保障服务站采取一站式服务模式，不仅注重做好常规的窗口服务，还将开展有针对性的跟踪服务，通过管理服务台账并及时更新信息库，动态地了解掌握辖区人员在人力资源和社会保障方面的需求并个性化地提供相适应的服务项目。

社会组织购买服务参与社会管理。常熟市还出台了购买社会组织公共服务的政策，调动市场与社会资源参与社会管理。2013年1月，常熟市民政局与新成立的全国首家民办民政事务所——常熟市海虞香溢民政事务所签订了首份“民政服务项目委托书”，这标志着常熟市民政部门首次以契约形式向社会组织购买民生公共服务。

随着社会的发展，公共服务需求日趋多样化和精细化。政府部门要进一步提高服务效能，提升公信力，就必须将部分公共服务职能梯度转移给社会组织承担。常熟市民政局利用最贴近民生、最直面百姓又担负培育发展社会组织的职能优势，率先厘定了社会组织承接购买民生公共服务的清单，通过建立民政事务所进行大胆的探索和尝试。民政事务所既不是政府部门，也不是事业单位，而是利用非国有资产举办的具有独立法人资格、从事非营利性社会服务活动的民办非企业单位，它是民生公共服务的承接者，更是民政事务社会成效的客观评价者。双方签订的首项委托协议是“公益慈善助学效能评估”，这意味着慈善助学不是简单地把助学金一发了之，还将延伸对受助者的人文关怀，并接受社会的监督评估。此外，双方还签订了创新社会组织品牌、引导本区域社会组织规范化建设，以及城乡一体化背景下农村养老服务体系建设探索等两项合约。常熟市海虞镇民政办也与之签订合同，购买了包括政策宣传培训、民政对象入户调查、各类信息统计分析上报等相关民政事务。民政事务所成立后，常熟市民政局还将不断探索实践，积累经验，逐步在全市推广，使更多的社会组织参与进来，主动作为，承担政府更多的民生服务项目，助力民政工作进一步制度化、标准化和精细化，提升民政工作的社会公信力，让社会组织为社会发展发挥更多正能量。

（三）健全体制机制，创新服务方式

常熟市通过整合相关制度，建立健全各项体制机制，基本公共服务的均等化程度大幅度提升。

加大财政支持力度。优化财政支出结构，压缩一般性支出，加大民生保障力度，保证各项重点支出需要，更多地让广大人民群众共享改革发展成果。2012年，常熟市财政安排民生实事各类支出8.43亿元。其中：城乡居民基本生活保障方面，安排纯农户养老保险补贴资金6000万元，低保及低保边缘人群生活保障资金（含城镇和农村最低生活保障、五保对象等）1983万元。支持三农建设，2012年，市本级预算安排支农项目资金5.92亿元。其中：农业产业化发展资金8090万元，高标准农田建设资金6330万元，生态补偿专项资金1.2亿元（含老村改造整治经费1500万元），壮大村级财力扶持资金1240万元。

完善就业政策体系。建立健全城乡一体、统筹兼顾、公平就业的政策体系，实行覆盖城乡的就业失业登记统计制度。将就业援助政策和创业扶持政策向农村延伸，实行城乡统一的就业普惠政策、创业扶持政策体系，帮助困难农民就业，鼓励农村劳动者自主创业。适当扩大失业保险基金支出范围，加大对城乡就业困难群体的扶持力度。开展城乡一体化的免费职业培训和创业培训，将农村劳动力培训纳入城乡统一的培训体系，完善"培训—考核—就业"相协调的运行机制，提高农村劳动力的就业、创业能力，加快农村劳动力充分转移。

创新公共服务方式。市政府第十七次常务会议批准了《智慧常熟战略发展规划》和2013年度信息化重点建设项目。市民卡工程是智慧城市建设中涉及民生幸福的基础性关键工程。常熟市民卡是政府为市民提供公益性服务、公共事务管理及服务的信息化载体，是集市民个人身份识别、电子凭证、电子支付、信息采集、信息查询等多种功能为一体的智能卡，是市民记录一生、管理一生、服务一生的实名卡。实施市民卡工程，可以让广大市民充分享受改革发展成果，享受更加优质、更加均等的公共服务，通过信息化手段提升服务市民水平，构筑以政府公共服务、公用事业服务、商业支付及金融服务为主要应用领域的高效多用的市民综合应用信息平台，提高全市城乡居民幸福指数。

四、常熟市推进城乡基本公共服务均等化中面临的问题与建议

常熟市在破除城乡二元结构，实现统筹城乡发展与推进城乡基本公共服务一体化方面所取得的成就是显著的，但离真正实现城乡基本公共服务均等化的发展目标还有相当距离，还有许多工作需要进一步在实践探索中完善。

（一）推进城乡基本公共服务均等化中面临的主要问题

1. 公共服务均等化的理解中，共享现代城市文明的诉求尚需完善

实现基本公共服务均等化，要从社会公正的角度来理解和实践，强调农村居民享有同等的生存权和发展权，强调公共服务和公共资源共享性。但是，在理论界和实际工作中，人们往往把基本公共服务过多理解为示范化小区、农家书屋、现代化的工厂等硬件设施，而在同等的受教育条件、现代文明程度、同等的就业机会等方面更需努力，让农村真正能够感受到现代化进程中现代文明的渗透和影响。比如说，有的农村现代化的别墅群建造起来了，室内装潢一应俱全，但配套规划不到位，房前屋后垃圾堆放杂乱；有的村庄建起了拉动经济发展的农家乐，休闲、采摘、钓鱼、聚餐，各种项目兼备，但服务意识理念缺乏；许多村子配备专门的图书室、培训班，但宣传推介不到位，利用率低下；农村的孩子有了就近读书的学校、宽敞明亮的教室，但素质教育的理念、培育孩子的方式方法还有欠缺，这些都是现代文明应该渗透的领域。

2. 在公共服务供给机制中，社会力量尚未得到有效利用，市场机制还有发展空间

城乡基本公共服务均等化是建设公共财政和规范政府间财政分配关系的基本目标。满足社会公共需要的公共财政，其基本特点就是对社会成员提供一视同仁、无差别的公共服务。公民无论身在何处，在享受教育、健康、发展机会和保障方面，应该具有无差别的平等权利。因此，基本公共服务不因城乡经济社会发展水平不同而差异过大，农民和市民，本地人口和外来人口应

该一同享受改革发展成果。随着城市化进程的加快，常熟在教育、医疗和社会保障领域实现城乡之间无差别的制度覆盖和服务均等，主要通过财政实现。当然，财政主导并非完全是政府生产，也需要社会生产并通过政府购买来实现城乡基本公共服务均等化，公共服务走向社会化是其满足城乡居民不断扩张的公共服务需求的必由之路。尽管现阶段可以依靠政府强势推动，但长期而论，必须依靠发达的社会组织与志愿服务，以及对市场机制的充分利用。

3. 推动公共服务均等化过程中，发展尚不平衡

均等化不等于平均化，基本公共服务在不同的历史时期，不同的经济发展水平下，内容不一样。不同的发展阶段，人们对基本公共服务的需求也不一样。文化福利设施过去是享乐品，现在可能就是基本的公共服务需要。城乡基本公共服务均等化建设受到经济发展水平的制约，不可能整齐划一地开展。例如常熟市把农村养老保险和农村新型合作医疗向城镇社会保障制度靠拢，从农保转城保体现出公共服务的均等化，这是由经济发展水平决定的。提高农村基本公共服务水准并使之达到城镇的水平，需要地方财政增量，受到财政体制的制约，因此各村之间发展不平衡。例如，蒋巷村，别墅楼排列整齐，在别墅区的周围，散落着商业贸易中心、医疗服务中心、党员服务中心以及绿化广场、俱乐部、生活污水处理站等配套设施，26公里水泥路，曲径通幽，穿过鲜花、绿树、草坪，通往家家户户，通往各服务点，通往各生产区。而有些村庄财力不足200万元，各项基础设施建设差距较大。这需要不断更新理念，因地制宜，拓宽渠道，提升财力，增加公共服务投入。

（二）对进一步推进城乡基本公共服务均等化的建议

1. 进一步将现代化的文明理念宣传惠及农村和农民

城乡一体化不仅仅是要农民住上高楼、用上网络、开上汽车，更重要的是他们在文明进步、生存发展权上享受到和城市同样的服务和机遇。比如说，生态文明的理念，首先要大力提升农村基层干部的生态意识，干部是村里的核心人物和主心骨，目前仍然存在重经济轻生态的观念，加强这些领导干部的生态观念，身体力行，就能够带动村民、影响村民；发展农村文化事业，农民群众是新农村建设的主人，发展农村文化事业能够提高他们的科学素养，倡导健康文明的生活方式，为新农村建设提供支持；新农村的建设要建立在农民自主权的基础上，由他们来设计、选择和决定自己的未来，有一整套体现程序公正的制度设计，有不同利益群体表达和参与机制，充分听取农民意见，经由农民讨论，最后由农村基层组织批准，这本身就是一个培育新农民的过程，只有建立了这样的机制，新农村建设才可能是实事求是的符合农民的利益和要求，融入了现代管理和发展的理念。

2. 更加重视发挥社会力量参与基本公共服务供给的作用

常熟市海虞香溢民政事务所的成立和运作，是政府向社会组织购买服务，社会组织参与管理的良好开端，借助市场，发挥社会的力量参与农村公共服务供给是提供优质服务的必然趋势。首先，社会组织应积极参与公共服务提供，形成和政府合作的良性互动关系，提高自身提供公共服务的专业能力或水平；其次，社会组织应努力拓展组织资金来源，形成服务供给的可持续支撑；再次，政府应借鉴成功经验，给予社会组织一定的财政信贷支持，并认真落实税收等方面的优惠政策；最后，还要加强社会组织宣传与对外交流，提升社会认知度与公信力。

对农村而言，政府可根据农民对公共服务需求度排序，对不同农村社会组织提供公共服务的边际社会经济效益进行深入的研究和比较，在支持资源有限的情况下，优先培育提供医疗服务、就业服务、养老服务、垃圾处理服务的农村社会组织。同时，政府也可以根据当地农村经济发展需要，重点发展专业协会等经济类社会组织和会计、法律类中介组织。

对城市而言，应当立足社区，根据社区居民的公共服务需求增加相应的社会组织，完善公共服务购买政策，让各种社会组织扮演提供公共服务的主体角色，全面满足居民不断增长的公共服务需求。

另外，要更加充分地利用市场机制，通过竞争选择，促进民营医疗系统发展，使医疗卫生公共服务质量得到持续提升；抓住创建苏南现代化建设示范区的机遇，加快培育大批适应新兴产业发展要求的专业技术人才，切实发挥民办教育在职业技能教育中的积极作用。

3. 坚持财力和制度相结合，进一步扩大公共投入，优化公共资源配置

以财政为核心的财力是城乡基本公共服务均等化建设的基础，所以，在城乡基本公共服务均等化建设中，要调整财政的支出结构，更多地向公共财政转变，更多地向农民倾斜。立足提升村级财力，提高公共投入的保障水平，近年来，常熟市加大了对经济薄弱村的扶持力度，通过鼓励各村发展物业经济、推进村企挂钩、实施生态补偿等多管齐下，取得了一定成效，但仍有一些经济薄弱村未能找到适合本村实际的发展路子，"造血"功能偏弱。必须针对不同类型，宜工则工，宜农则农，探索一条符合各村实际的强村富民路子。对以农业为主的村，鼓励其大力推进土地流转，加快发展现代高效农业，对适合发展物业的村，鼓励其拓宽眼界，不局限本村土地，通过镇村统筹、村村联合等途径，整合资源。

财力是基础，但城乡基本公共服务均等化建设的关键是制度建设。要保证和提高农民享有的基本公共服务水平需要有一系列制度供给，在基本公共服务供给的模式、制度保障、财政转型等方面需要制度配套。调整各级政府事权和财权，由于基本公共服务供给一般以县城为主体进行的，要下放一定的财权，而公共服务的制度供给需要更高一级政府提供，需要上级政府协调提供。

思考题：

1. 如何将现代文明理念深入农村，培育现代农民？

2. 发挥社会力量参与基本公共服务供给，常熟还应该如何努力？

3. 政府在扩大公共服务投入、优化公共资源配置方面还有哪些不足，如何改进？

4. 抓住苏南现代化建设示范区的机遇，常熟市在基本公共服务供给方面如何创新服务方式，提高服务效能？

第八篇　努力开创生态文明建设新局面

摘要：近年来，常熟在率先基本实现现代化的进程中，更加注重经济社会发展与生态文明建设并重，在城乡生态环境建设上取得了显著成就。同时，也要清醒地看到将生态文明理念贯彻到城镇化建设的进程中依然面临诸多的制约因素，必须把生态文明建设放在更加突出的位置，坚持节约优先、环保优先，积极稳妥地推进城镇化建设，营造生态文明建设与城镇化建设相辅相成、交融共生的良好局面。

党的十八大把生态文明建设纳入中国特色社会主义“五位一体”的总布局，把生态文明建设放在突出地位，是对社会主义建设规律、人类社会发展规律的深刻把握，是反思工业文明道路，推动社会主义现代化建设科学发展、和谐发展、可持续发展的理性选择，是对人民群众近年来比较强烈、比较集中的环境利益诉求的主动回应，具有重大的理论意义和实践意义。

常熟在新型城镇化探索的道路上，经济发展突飞猛进，城镇化率已突破70%，同时围绕生态文明建设做了大量的工作，取得显著成绩，先后获得国家卫生城市、国家环保模范城市、国家生态城市、国际花园城市、中国人居环境奖等荣誉。要增强经济社会的发展后劲，客观上要求我们更加尊重自然规律，更加依靠发展方式转变，更加突出制度保障，把生态文明建设提高到一个新水平。鉴于常熟已成为国家生态市与城市总体规划目标，我们在率先基本实现现代化进程中应当牢固确立与贯彻生态文明理念，坚持生态优先方针，在指导思想上把“生态育市”改为“生态立市”，以突出生态文明建设的重要地位，加大生态文明建设的工作力度，开创生态文明建设的崭新局面。并按“生态立市”的要求，在制定“十二五”规划的基础上，遵循系统原则、生态原则、自然原则和经济原则，对原有的城市总体规划和各项详规作适当修编，强调环境保护与生态平衡的重点和特色，充实生态文明建设的内容与要求，进一步优化城市空间布局、产业布局和生态布局，从而把生态文明理念和原则全面融入城镇化全过程，走集约、智能、绿色、低碳的新型城镇化道路。

一、常熟市生态文明建设基本情况

（一）基本形成城乡一体化格局

近年来，常熟市深化改革、统筹协调，基本形成了融合发展、共同繁荣的城乡一体化格局。积极探索行政管理体制改革，稳妥推进镇村区划调整，先后成为全国县级综合改革试点市、国务院发展研究中心“城乡一体化综合配套改革联系点”，全面实现城乡发展规划、基础设施、公共服务、就业保障、社会文明等“五个对接”，全市农民集中居住率达到60.2%，工业企业向园区集中比例达到90%，土地规模经营比重达到82%。城乡空间格局更趋优化，城乡基础设施不断完善，高速公路总里程达到81.5公里，城市建成区面积扩大到118平方公里，2012年城市化率达到72%。生态环境持续改善，以尚湖、昆承湖、南湖、沙家浜为核心的生态圈基本建成，先后获得国家园林城市、国际花园城市、国家生态市和中国人居环境奖等荣誉。常熟全面实现城乡统筹就业，城乡社会保障体系加快并轨，城乡居民收入、社会消费品零售总额、私家车保有量、居民储蓄余额、社会保障覆盖率等富民指标一直位居全省前列。全市社会事业协调发展，社会文明程度明显提高，民主法治进程不断推进，呈现出百姓安居乐业、社会和谐稳定的良好局面。

（二）制定实施生态文明建设规划

2009年5月，环境保护部组织召开的《常熟市生态文明建设规划》论证会在北京召开。经过中国工程院、中国科学院生态研究中心、北京大学、中国人民大学环境学院、中国环境规划院等单位的10多位专家学者“把脉会诊”，《常熟市生态文明建设规划》顺利通过论证。常熟市坚持生态立市、绿色发展理念，按照严格保护环境、发展绿色经济、践行绿色惠民的方向编制了《常熟市生态文明建设规划》，这是我国目前少数城市提出生态文明建设试点并开始推进的案例。以此为基点，全市深入贯彻落实科学发展观，以污染物减排为抓手，加快调整生态布局，大力发展循环经济，积极开展“蓝天”“碧水”“宁静”等工程，努力创新多样化农村环保，城乡环境质量明显提升，天蓝、水清、地绿、城美已成为常熟的鲜明特色。

2011年，常熟市率先开展生态文明镇建设的探索和实践，委托南京大学环境学院在《常熟市生态文明建设规划》的总体框架下，对全市各镇（新区）的生态文明建设进行具体规划，围绕农村生活污水处理、生态农业建设、产业结构转型升级、改善农村环境质量等，分阶段、分重点进行规划并实施。同时重点培育一批生态文明村示范典型，使农村成为推进生态文明建设的重要阵地，根据规划，至2015年，全市各镇将初显生态文明镇雏形。

2011年底，常熟市梅李镇生态文明建设规划通过了由同济大学、南京大学等相关专家、教授组成的技术评审组的全面评审，成为全省首家通过生态文明建设规划评审的乡镇。《规划》客观分析了梅李镇社会经济、环境保护与生态建设现状和生态文明建设的优势条件与制约因素，确定了梅李镇生态文明建设总体目标，构建了相应的指标体系，制定了主要环境污染要素控制、生态空间布局和推进生态文明建设的规划方案，提出了重点建设项目，明确了规划实施的保障措施。《规划》推进实施后，将对该镇城乡一体化建设过程中生态环境恶化起到积极的防范作用，有效促进梅李经济稳步、健康发展。

2012年，继梅李镇在全省率先通过《生态文明镇建设规划》评审后，常熟市辛庄镇、尚湖镇、虞山镇、海虞镇等分批通过评审，下阶段，将组织对古里镇、支塘镇、董浜镇进行生态文明镇建设规划集中评审，实现生态文明镇建设规划全覆盖。

（三）不断优化全市生态环境

1. 乡镇生态环境大力改善

近年来，市委、市政府以率先基本实现现代化为抓手，扎实推进污染减排，倒逼产业转型升级，呵护虞城青山、绿水、蓝天。常熟是乡镇工业主要发源地之一，纺织、化工等传统产业在本地经济中占有重要地位。市委、市政府根据不同区域环境容量，科学确定优化开发、重点开发、限制开发、禁止开发的功能区域，对虞山尚湖等7个列入省重要生态功能区的区域实施一票否决，坚决守住生态“红线”，望虞河“清水通道”沿线4个镇重新调整产业规划和布局，大力发展生态农业、现代服务业和高端制造业，绿色发展方兴未艾。对全市近800家化工、印染、电镀、造纸等“六小”企业开展环境专项整治，做到淘汰一批、转移一批、提高一批，先后关停并转600多家，为改善乡镇生态环境奠定了基础。

在农村，农作物秸秆、畜禽粪便和生活垃圾的资源化低效率利用及其造成的环境污染问题，成为影响社会发展和新农村建设的一大难题。2010年，田娘公司承担了“多元废弃物车库式干发酵技术”开发任务，专项研究与开发多元化物料厌氧发酵产沼气、干发酵工艺、沼渣制作有机肥等技术。目前，田娘公司已建成了1000立方米厌氧发酵塔、300立方米湿式储气柜，以及集水池、进料、调节池、沼液贮存池、发电间、控制室、净化间等，每年可处理畜禽粪尿1.8万吨，产生沼气36万立方米，是目前常熟规模最大的集中式沼气发电工程项目。2011年，德国生态工程协会专家来到支塘镇蒋巷村，就建设蒋巷生活污水生态湿地处理中心项目进行实地考察调研，并与蒋巷村达成共识，运用德国生态工程协会生态湿地处理技术，在蒋巷村建设生活污水生态湿地处理中心，打造中国最秀美的生态湿地花园。目前，该项目采用强化型生态湿地处理设施，日处理生活污水150吨，达到国家一级A类排放标准。

市委、市政府大力推进城乡一体化建设，按照“统一规划、统一建设、统一运行、统一监管”的要求，投资20亿元，实施城乡一体化生活污水处理工程。预计用两年左右的时间，全面完成乡镇生活污水处理厂和收集系统建设，实现城乡生活污水处理设施全覆盖，使城镇生活污水处理率达到95%。同时，推行农村生活垃圾“组保洁、村收集、镇转运、市处理”模式，基本实现生活垃圾无害化处理全覆盖。“十二五”期间，力争使全市三类水水域面积超过60%，城乡整体生态环境恢复到20世纪80年代中期水平，重现江南鱼米水乡的生态美景。

2. 绿化工程建设加快推进

常熟市从2010年开始实施《常熟市农村绿化工程奖励办法》，奖励力度不断加大。三年来，全市各镇（板块）累计核实农村绿化工程“以奖代补”项目387个，拨付奖补资金1.37亿元，完成绿化造林面积约7万亩。农村绿化以奖代补资金的及时兑付有效缓解了各镇（板块）绿化投资的资金压力，引导镇、村绿化建设上规模、有品位、重生态、可持续，提高农村森林覆盖率和集镇绿地率，改善镇村人居环境。

2011年，常熟市以创建全国生态园林城市为契机，加快建设“绿色常熟”，至今，全市森林覆盖面积达到31.02万亩，林木覆盖率达18.4%。

2013年4月11日，全国旅游景区质量等级评定委员会发布公告，苏州常熟沙家浜·虞山尚湖旅游区获评5A，成为苏州市第六家5A级景区，标志着苏州高品质旅游产品体系进一步完善，生态旅游度假功能日益凸显。常熟沙家浜·虞山尚湖旅游区总面积27.4平方公里，由金字招牌、红色经典“沙家浜”与山水资源、自然生态“虞山尚湖”融为一体，前者在全国拥有极高的知名度和美誉度，后者拥有言子墓、水上森林等多项国家级资源，两者是常熟“山、水、城”融为一体独特城市形态的重要组成部分，也是常熟历史、文化和环境个性的承载主体，经过多年的发展，形成了以吴文化体验、山水观光、红色旅游、休闲度假等为主的旅游产品。

25平方公里尚湖湿地综合保护建设、18.5平方公里昆承湖生态修复工程、6.3平方公里南湖湿地建设、3.3平方公里沙家浜湿地建设工程全力推进，为常熟营造出具有江南水系特征的典型湿地。虞山“绿肺”和湿地“蓝肾”相互依托，逐步形成了市域的大绿化格局，改善了城乡生态环境，形成了较为完备的城市森林和湿地系统。

同时，常熟市在绿化建设中全力实施公路、河道两侧绿化，为城市添景。行车通港二通道城区段，路边香樟等行道树排列整齐，显得很是美观。除了公路，河道两边也景色宜人。海洋泾河道两侧，香樟、女贞、杜英、黄山栾树、无患子等树木环绕。2011年以来，全市完成了400多万平方米常昆高速、全长16.75公里的338省道、全长10公里的通港二通道、海洋泾绿色水廊等绿化工程项目，呈现出绿量大、形式新颖、树种多样的特点，有效提高了城市形象和品位。

市镇二级公园、小游园建设贴近市民，优化了人居环境。全市先后完成了城区淮河路小游园、漕泾绿地、金枫家园滨河绿地等12个小游园建设，常熟经济技术开发区的体育公园、东南经济开发区的国际广场和古里文化公园、碧溪农民公园、董浜滨河公园、沙家浜农民公园等一批具有代表性的游园在改善环境的同时，为百姓提供了良好的休闲、健身场所。

常熟市还以新农村建设为抓手，以镇区为中心，辐射推进周边绿化建设，有效改善了村容村貌，2011年共完成创建省级村庄绿化示范村6个，完成创建苏州市级村庄绿化示范村29个。

3. 水环境综合治理初见成效

2006年开始，常熟启动昆承湖生态修复工程，重拳整治环境污染，取缔围网养殖5000多亩，关停污染企业33家，搬迁5家，整治39家。经过多年修复，现在昆承湖水质已基本达到三类水标准，居民们还在附近发现了近10种野生鸟类。

2007年9月20日，尚湖生态修复工程正式启动，建设4.6平方公里两翼生态修复区和4.2公里生态景观走廊，完成南部片区生态修复和旅游基础配套，实施核心水域南扩，疏理岸线，围筑岛屿，遍植水生植物，实现了生态品位“大变样”。

2009年12月南湖荡湿地生态修复工程正式启动，南湖湿地生态修复工程规划总投资12.6亿元。规划控制范围为24平方公里，其中内圈湖景核心区为6.3平方公里，中圈限建区为8.4平方公里，外圈控制区为9.3平方公里，先行启动区为3000亩。

通过常熟对120平方公里核心生态圈的尽心打造、修复治理，目前尚湖、昆承湖、南湖、琴湖等重点湖泊的水质均有了明显提升，其中尚湖还建成了国家城市湿地公园，水质一直保持在国家二类水标准。“十一五”以来，常熟还疏浚整治河道4092条，完成太湖流域水环境综合整治项目118个。

治理好了，如何防止再污染？提高环保门槛是必须。常熟坚持铁腕治污，强势推进污染减排，着力解决突出的环境问题，仅2012年就劝停拒批重污染项目20多个，实施减排项目29个。常熟近年来大力开展城乡大环境综合整治、村庄环境整治、城市环境“四整治四提升”等行动，着力推进“绿色常熟”建设，加大生活污水、畜禽养殖治理，控制农业面源污染，营造文明有序环境。地表水功能区、饮用水水源地水质达标率两个100%。

2013年，按照“统一规划、统一建设、统一运行、统一监管”要求，常熟市投资20个亿，实施城乡一体化生活污水处理工程，准备再用2年左右时间，全面完成乡镇生活污水处理厂和收集系统建设，实现城乡生活污水处理设施的全覆盖；推行农村生活垃圾“组保洁、村收集、镇转运、市处理”模式，基本实现生活垃圾无害化处理全覆盖。“十二五”期间，力争使全市三类水水域面积超过60%，城乡整体生态环境恢复到20世纪80年代中期水平，重现江南鱼米水乡的生态美景。

4. 主要污染物排放有效控制

2011年，常熟市四项主要污染物排放强度中，化学需氧量、氨氮排放强度分别为0.91千克/万元及0.1千克/万元，已经达到考核要求，但二氧化硫及氮氧化物排放强度分别为2.17千克/万元和3.91千克/万元，距离考核指标的要求还有一定差距。为此，市环保局制定《常熟市率先基本实现现代化环保指标考核办法》，落实减排责任。

对照“十二五”主要污染物总量减排工作的新要求，常熟市还出台《常熟市建设项目污染排放总量核定管理办法》及《常熟市十二五污染减排奖励办法》，强化源头控制，形成有减排量才有发展空间，要加快发展必须落实减排任务的倒逼机制，加快推进工业结构调整，优化转型升级；强化政策引导作用，以经济手段促进节能减排，充分调动全社会减排工作的积极性及主动性，进一步强化环境资源意识，以促进绿色发展，提高环境质量，确保“十二五”主要污染物减排目标和率先基本实现现代化目标的顺利完成。

以《常熟市主要污染物排放总量控制“十二五”规划》为引领，突出结构减排、工程减排、管理减排三大重点领域。其中，结构减排着重于推进产业结构转型升级，严格环境准入，坚决控制“两高一资”、低水平重复建设和产能过剩项目的建设；工程减排着重于加快城镇污水处理设施及配套收水管网建设，实施重点企业提标改造工程建设及电力行业机组脱硝工程建设。

2013年，对照《常熟市2013年主要污染物总量减排工作计划》，常熟对全市近800家化工、印染、电镀、造纸等“六小”企业开展环境专项整治，做到淘汰一批、转移一批、提高一批，先后关停并转600多家企业。“十一五”期间全市COD（化学需氧量）削减11809.6吨，SO_2（二氧化硫）削减33104.8吨，为转型升级释放出发展容量。

在有效控制主要污染物排放的同时，常熟市还大力实施蓝天工程，形成PM2.5监测能力，2012年，据统计，空气质量优良天数比例达98.8%。

二、推进新型城镇化必须实践生态文明的理论依据及政策支持

快速城镇化在显著改善人民生活水平的同时，也带来了一系列的环境问题，如城市生态的多色效应：红色的热岛效应、绿色的水华效应、灰色的灰霾效应、黄色的拥堵效应、白色的采石秃斑效应和杂色的垃圾效应等。一些城镇盲目追求高、快、宽、大、亮等形象工程，沿袭先污染后治理、先规模后效益、先建设后规划和摊大饼式扩张的发展途径，生态服务功能和生态文明建设被严重忽略。

李克强总理曾经指出，城镇化不是简单的城市人口比例增加和面积扩张，而是要在产业支撑、人居环境、社会保障、生活方式等方面实现由“乡”到“城”的转变。新型城镇化的“新”，是指观念更新、体制革新、技术创新和文

化复新，是新型工业化、区域城镇化、社会信息化和农业现代化的生态发育过程。“型”指转型，包括产业经济、城市交通、建设用地等方面的转型。

（一）推进城镇化必然要求加强生态文明建设

十八大报告明确：“坚持节约资源和保护环境的基本国策，坚持节约优先、保护优先、自然恢复为主的方针”、“构建科学合理的城市化格局、农业发展格局、生态安全格局”。推进城镇化的目的，就是建设资源节约型、环境友好型，绿色的、环境优美的宜居城镇，逐步转变过度消耗资源和以破坏环境为代价的传统经济发展模式，不断改善人们生活的生态环境质量，最终实现人与自然的和谐发展。因此，推进城镇化与生态文明建设在目的上是一致的。

推进城镇化，必然带来对资源的需求越来越大，对生态环境的压力会进一步加剧，环境问题将会更加突出。围绕城镇化的推进，加强生态文明建设能发挥以下作用：

首先，有助于推进产业生态化转型。城镇化的核心是将农民变成产业工人，这需要以城市带农村、工业融农业、公司带农户、生产促生态。关注生态，就要求在弄清资源和市场、机会和风险的前提下策划、规划、孵化新兴园区、新兴产业、新型社区和新型城镇，将传统的招商引资模式提升为招贤引智模式。

其次，注重生态基础设施和宜居生态工程建设。比如汽车交通将转向生态交通，以最小的化石能源消耗和物流，实现城市流通功能的便利通达；将耗能建筑变为产能建筑；通过地表软化、屋顶绿化、下沉式绿地等生态工程措施，实现对生态占用的补偿，使建设用地兼有生态用地的功能。

最后，推广集约、智能、绿色、低碳的生态方法和技术。如：倡导生态集约，包括生态资源、生产关系和经营方式的集约，特别是土地、水、生物资源的集约规划、集约建设和集约管理；要发展紧凑型城市，推进适度规模的城镇化。城市人口密度要控制在每公顷100人左右。崇尚生态大智，在城市发展中，特别需要将传统技术方法和聪明才智融入规划、建设与管理中。注重低碳循环，提高化石能源的清洁、高效、生态利用，可再生能源合理开发、有机替代以及资源循环再生等。

（二）生态文明建设是推进城镇化的强大动力和重要保障

生态文明是以人与自然和谐共荣为基本特征和目的的崭新的文明阶段；是超越工业文明的、以解决人类现实生存危机为使命的、关乎人类未来命运的崭新的人与自然关系模式；是对人类与自然之间关系进行新的理论反思与实践调整，是体现人类社会文明发展方向的文明形态。城镇化是一个过程，是工业化和现代化发展的必然要求，也是衡量一个国家发展水平的重要标志，它可以反映一个国家的工业化水平和人民生活水平，以及精神文化层次的高低。只有建设好生态文明，才能更好地节约资源，优化人们的生活环境，协调人与自然的关系，最终实现资源节约型、环境友好型、人与自然和谐相处的城镇化，人们才能安居乐业，人们的生活质量和幸福指数才会不断提高，对未来才会更加充满信心，从而激发人们更积极地投入城镇建设，创造更加美好的家园。因此，加强生态文明建设，可以有力促进城镇化的健康发展，是推进城镇化发展的强大动力和重要保障。

生态文明建设要求坚持节能减排，进一步优化生态环境。抓好生态环境工程，坚持节能减排，加强环境保护。坚持从源头上控制污染，严把项目入口关，加强环境影响评价，把降低能源消耗、减少污染排放、节约使用土地作为市场准入的强制性门槛；要运用行政、法律、经济、技术等手段，加强整治环境污染，消减污染物的排放总量；要加强生态维护与恢复，继续大搞绿化造林，推进生态城市和绿色社区发展，努力构建资源节约型、环境友好型社会。

生态文明建设要求坚持绿色发展，构筑生态经济体系。切实加快转变经济发展方式，着力调整产业结构，发展低碳经济，坚持走经济与生态并重、双赢的可持续发展道路。重视发展生态工业，继续推广清洁生产，发展循环经济，实行绿色发展、持续发展；重视发展生态农业，在原来施用高效低毒农药、生产无公害农产品、实行立体种植养殖基础上，更加自觉地发展生态农业，在洁净土地上，用洁净的生产方式生产洁净食品，发展高产、优质、高效、安全、生态的现代农业；重视发展生态旅游业，发展现代服务业和环保产业，争取经济与生态的结合与双赢。

2012年9月29日，南京大学和常熟市合作共建“常熟生态研究院”。常熟生态研究院是以南京大学科研力量和人才资源为依托，针对常熟市生态建设的现状与需求，集生态技术研发、产业孵化、专业服务、人才培养及国际交流为一体的创新与服务平台。研究院以水质净化与水环境改善、湿地保护与利用、生态修复、森林培育与绿地系统建设、风景区开发与生态旅游产业、城乡一体化与新农村建设、产业生态、污染控制与资源化利用，以及江南生态文化挖掘与保护等关键技术研发与产业化为主要方向，努力建成“国内一流、在国际上具有重要影响力”的生态技术创新服务载体。

生态文明建设要求加强生态文化建设，营造良好的社会氛围。生态文明建设是生态文化建设的重要组成部分，生态文化建设也是生态文明建设的题中应有之义。我们要重视加强生态文化建设，树立与科学发展观、和谐社会观相吻合的生态文化观念，正确引导人们的世界观、价值观与发展观、技术观、资源观、消费观、效益观，焕发生态文明建设的文化自觉与精神动力。要弘扬生态伦理，把道德关怀的对象从人类扩展到整个自然界。要加强生态文明建设的舆论宣传，增强全社会的生态忧患意识和环境保护参与意识，营造良好的社会氛围，倡导绿色的生产生活方式。

（三）推进城镇化必须与生态文明建设同步

城镇化是工业化和人类社会经济发展的必然过程。在此过程中，经济活动和生产要素在地域上不断集中与集聚，人口也不断向城市转移，生态系统内部既存的联系将会被割裂和改变，生态系统内部的平衡就会被打破，环境和自然资源的利用将会受到严重影响。推进城镇化与生态文明建设只有同步进行，形成相互促进、相辅相成、协同发展的局面，才能实现两者的双赢。如果只是单纯地推进城镇化，而不顾及对生态环境的负面影响，城镇化发展必然会带来资源能源匮乏、生态破坏、环境污染等一系列恶果，最终将影响我国经济社会的可持续发展。因而，只有在推进城镇化的过程中，统筹兼顾生态环境问题，加强生态文明建设，实现二者的同步发展，才能真正推进高质量的城镇化，从而加快我国的现代化进程，早日实现我们的宏伟目标。

如今由生态文明与城镇化概念引申出生态城市的理念，生态城市是指在生态系统承载能力范围内去调整生产和消费方式、决策和管理方法，使人的创造力和生产力充分发挥，居民身心健康和自然生态系统得到充分保护。

近年来，生态城市已成为国内外生态建设的一个热门领域。国际上在规划建设与管理上都开展了很多研究，提出了很多原则和建议，体现了两者同步推进发展的必要性：

1. 强调健全的生态服务功能

要求城市非工程开阔地表100%可渗水透绿，屋顶和立面绿化，绿地兼有湿地功能，湿地兼有生态给排水功能，社区内生态服务面积不低于建筑用地面积的3倍。

2. 强调健康的代谢环境

要求安全适宜的衣、食、住、行环境，低的热岛效应和灰霾日数，社区分散式污水处理、生活垃圾堆肥、生态用水保障和生态卫生设施齐备。

3. 强调合理布局

要求新区和产业园沿轻轨或大容量快速公交的“主动脉”，呈“糖葫芦串”形布局，小区之间由生态服务用地隔开，生态交通网络覆盖人口超过城市人口的80%；要求生产、居住、商政和生态服务用地混合布局，1/3以上市民能就近上班。

4. 强调低能耗、低废弃、高效率

有条件的城市建筑空调和供热的能源80%靠地热、太阳能、生物质能、工业余热等可再生能源；80%以上生活垃圾能在家庭和社区尺度减量化和资源化。居民高峰期出行90%以上是公交、自行车或步行。此外，城市要有鲜明的自然和人文生态标识、社区和睦、治安良好等。城镇化过程中，要注意土地的集约与高效。土地的使用要由数量拓展转向功能拓展，在保障粮食安全、生态安全和农民权益的前提下提供足量的城镇建设用地。

（四）以生态文明建设要求推进城镇化的制度保障

为探索强化城市和区域生态规划，处理好城市建设中眼前和长远、局部和整体、效率与公平、分割与整合的生态关系，常熟市坚持以制度建设来为生态文明建设提供保障，强化和完善生态物业管理、生态占用补偿、生态绩效问责、战略环境影响评价、生态控制性详规等法规政策。积极构建以政府为主体的干预强制性机制，以企业为主体的市场选择性机制以及以公众为主体的社会引导性机制，使之相互衔接、相互协调。特别是要改进考核机制，把节约资源、保护环境、维护生态平衡等内容纳入考核指标，提高生态文明建设的权重，并改进考核办法，突出实绩考核和民意测评。同时进一步完善耕地保护制度、水资源管理制度、环境保护制度，建立资源有偿使用制度与生态补偿制度，探索节能量、碳排放权、排污权、水权交易试点，健全环境责任追究和赔偿制度，为生态文明建设提供制度保障。

2005年起常熟市正式推行排污许可证制度。苏州、常熟两级环保部门对常熟市境内的重点源和非重点源实行排污许可证分级审批颁发制度。从2009年起，常熟市环保局负责常熟市辖区内所有排污单位的排污许可证审批、发放和管理。根据污染物总量控制原则，常熟市环境保护局以排污申报单位的环境影响评价报告书中核定的污染物排放量数据作为污染物排放许可证核发的基础数据，并利用“三同时”验收数据进行核准，作为污染物排放许可证核发的依据。

2009年，常熟市试行排污权有偿使用工作，适时推进排污权交易并设立常熟市排污权储备交易中心，负责全市排污权有偿使用和交易管理工作，组织实施全市排污权有偿使用和交易工作方案，建立和维护排污权交易信息发布网络平台，负责交易平台的正常运转。在发展和规范排污权交易市场，加快常熟市产业结构调整，完善环境价格体系，优化环境资源配置，淘汰落后生产力，推进主要污染物总量减排工作跨出了有力的一步。

2010年常熟市开展环境污染责任保险试点工作，在综合考虑企业环境风险系数、企业规模等因素的基础上，排出了常熟三爱富中昊化工新材料有限公司等11家企业作为首批试点单位。环境污染责任保险是以企业发生的污染事故对第三者造成的损害依法应负的赔偿责任为保险标的的保险。即企业就可能发生的环境事故风险在保险公司投保，一旦发生污染事故，由保险公司对污染受害者进行赔偿，企业可避免巨额赔偿的风险，污染受害者则能得到迅速、有效的救济。环境污染责任保险具有经济补偿和社会管理双重职能，被人们形象地称为“绿色保险”。接下来，常熟市将逐步建立环境污染责任保险制度，按照“先大后小、先化工行业后其他行业”的原则，有序扩大试点范围。

2011年，常熟市落实1.2亿元补偿基金，使因保护生态环境发展受到限制的区域得到经济补偿和公平发展的机会。根据苏州市《关于建立生态补偿机制的意见》文件精神，建立生态补偿制度，对农村耕地按面积每年每亩给予200元生态补偿基金。这些基金部分直接补予耕地所在村，部分集中起来用于重大农业基础设施建设项目，不用于公路、水利等建设，以提高农户种田的积极性，保护生态环境。

2012年常熟市国土局在开展“双保工程”中，着力建设耕地和基本农田保护共同监管的新机制，与市监察局共同建立了土地违法案件定期通报制度，与市公安局共同设立了国土公安联合执法办公室，市公安局向国土部门派驻警务室。全市国土系统都建立了土地执法监察机构和队伍，健全了日常巡查制度，定期开展耕地保护情况巡察，及时发现和查处破坏耕地行为。基层还普遍设立了村级土地监察员，聘请村组有经验、责任心强的人大代表、政协委员、村组干部为土地监察员，负责督察本行政村的耕地和基本农田保护情况。同年，常熟落实最严格的水资源管理制度，确保全年取水总量控制在21亿立方米以下、万元GDP用水量控制在100立方米以下、万元工业增加值用水量（不含开式火电）控制在18.7立方米以下、工业用水重复利用率提高到82%以上、水功能区水质达标率达到64%以上，有效巩固了全省水资源管理示范市建设成果。

三、生态文明融入城镇化建设面临的问题

现阶段要将生态文明融入城镇化全过程，我们面临诸多困难。比如，条块分割的管理体制；生态规划的法律基础还不完善；政绩考核缺乏可持续性，生态激励机制不健全；城市主要官员调动频繁，规划、政策缺乏连续性；生态资产缺乏统筹管理；信息反馈和生态补偿机制匮缺；生态建设人才奇缺，培训机制不健全；生态科技投入不足，技术含量不高等。最主要的问题表现在以下几点：

（一）生态规划相关的法律法规不够完善

我国生态建设规划的法律法规在近二十年内取得了巨大的发展，已经初步形成了包括宪法、法律、行政法规、规章制度和地方性法规在内的保障生态城市规划的法律法规体系，但其完善度和成熟度仍处于较低水平，法律体系过于庞杂，不同的法律法规之间甚至存在着矛盾与冲突，主要表现为：作为规划主体的政府未能明晰自身规划责任；相关规划立法理念更新节奏缓慢；生态建设规划的法律制度，具体包括公众参与制度、信息公开制度和环境影响评价制度欠缺最为基本的实施环境。

生态建设规划的复杂性、社会性决定了其所涉及的生态问题、社会问题、经济问题无法依靠政府部门的单独决定，必须建立起有效的公众参与制度。生态城市规划公众参与制度的完善，应有效地借鉴德、美等国的成功经验，从参与主体、参与事项、参与范围和参与方式四个角度探索建立现阶段适合我国生态建设发展的公众参与规划体系，在生态建设规划立法完善的基础上构建我国生态建设规划中的公众参与制度。加快完善生态文明建设法律法规体系，严格环境标准，建立考评激励、决策参与和生态补偿机制，确保经济发展与资源环境可持续发展。加快理顺行政管理体制，设立生态文明建设领导机构，合理划分政府职权，加强基层环保机构建设，严格按生态功能区划要求确定不同地区发展模式。实行生态环保“一票否决制”，强化环境影响评价制度，尽快研究制定生态文明建设考核指标体系和考评机制，将生态文明建设政绩考核结果与干部奖惩任免挂钩。

（二）生态补偿激励机制单一匮乏

1. 补偿主体单一，纵向补偿为主，缺乏生态横向转移补偿机制。目前我国生态补偿的财政转移支付是纵向转移支付占绝对主导地位。巨额财政转移支付资金为生态补偿提供了良好的基础，对生态保护地区因保护生态环境而影响经济发展的机会成本，或承受历史遗留生态环境问题给予了一定的补偿。同时，也形成"少数人负担，多数人受益"，"上游地区负担，下游地区受益"，"贫困地区负担，富裕地区受益"的不合理局面。区域之间、流域上下游之间、不同社会群体之间的横向转移支付微乎其微。

2. 生态补偿体制部门色彩强烈，补偿管理部门多元化。生态环境保护管理分别涉及林业、农业、水利、国土、环保等部门，这些部门主导着生态保护政策的制定和执行，生态补偿实际上成为"部门主导"的补偿。以部门为主导的生态补偿，责任主体不明确，缺乏明确的分工，管理职责交叉，在监督管理、整治项目、资金投入上难以形成合力，资金使用不到位，生态保护效率低，造成生态保护与受益脱节的现象。

3. 以"项目工程"为主的补偿方式缺乏稳定性。以"项目工程"方式进行生态补偿，便于操作，然而容易导致生态政策缺乏长期性和稳定性。像退耕还林、退牧还草、生态公益林补偿金等政策大多是以项目、工程、计划的方式组织实施，而且有明确的时限，政策缺乏可持续性，给实施效果带来较大的变数和风险。

4. 生态保护补偿标准"一刀切"，补偿标准偏低。

5. 生态补偿资金来源少。我国的生态补偿融资渠道主要有财政转移支付和专项基金两种方式，其中财政转移支付是最主要的资金来源。现行税制中目前只有少量的税收措施零散地存在于增值税、消费税等税种中。针对生态环保的主体税种不到位，相关的税收措施也比较少，并且规定过粗。另外，生态补偿收费缺少科学依据，标准偏低，难以刺激开发者珍惜生态资源，保护生态环境。

（三）人口的转移和集聚对生态系统造成压力

常熟市作为江南发达地区，外来人口比重日益加重，特别在经济发达的部分乡镇，人口密度日益增加，在这样的情况下，在推进城镇化的过程中，由于经济活动和人口在城市不断集中与集聚，对生活用水需求急剧增加，同时产生大量的生活污水和生活垃圾。由于对这些生活污水和垃圾的集中处理不当和不及时，不仅造成水体污染，而且还在城乡接合部出现大量生活垃圾堆集，形成垃圾围城之势。这既污染了环境，也造成了对生态的严重干扰和破坏，如果没有相应的措施，势必会造成人口与环境、资源的矛盾，以及加剧生态系统失衡。

一是环境承载力下降。人口向城镇集聚致使人均土地面积、水资源、生存空间进一步缩减，污染物数量和浓度增加，自然界的环境容量大大降低。乡镇存在相对资金短缺，市政建设落后，排污处理能力较弱等问题，加之居民的环境保护意识淡薄，日常排放污染严重。二是生活垃圾污染严重。就乡镇而言，许多生活垃圾基本没有任何控制和处理过程，随意堆放，“清洁城市、污染农村”的做法已经酿成严重的社会问题。对全国绝大多数的城市来说，垃圾的无害化处理还处于起步阶段，垃圾分类收集、分类处理在发达城市还未完全推广。目前，大多数乡镇地区垃圾仍然以简单的填埋、堆积、露天焚烧等方式处理。即使已经建立的垃圾填埋场，由于建造标准低，缺乏污染控制措施，并不能保证环境的安全性，有的甚至存在较大潜在隐患。三是农村“空心房”现象逐步显现。农村“空心房”是农村经济发展的必然产物。随着城镇化水平的快速提高，大量人口向小城镇和城市集中，并成为事实上的城镇居民，这部分人留在农村的房屋就成了无人居住的“空心房”。农村“空心房”对新农村建设的影响主要表现为：长期闲置，浪费土地资源；年久失修，造成安全隐患；相互牵制，阻碍规划实施；诱发纠纷，影响农村和谐。在实践中，“空心房”改造实际上逐步成了当前新农村建设和环境整治中的一个重点问题。

（四）生态基础设施的疲软和缺失

众所周知，建设城市首先要建设基础设施。但是，我们过去一讲基础设施，无非指的是公路、能源与电力供应乃至下水道等等，这些都是人力所建造的。但是，从“地貌都市主义”的立场上看，自然环境和生态本身，也为城市提供了“基础设施”。城市只有利用这样的基础设施，才能有“可持续性”发展。污水处理厂、垃圾填埋场和公园绿化并不是城市生态建设的全部。城市的净化、绿化、美化，需要完整的生态基础设施的支撑，包括“肾”（城市河流、湖泊、池塘、沼泽等的净化与活化）、“肺”（城市自然植被、园林植被、城市林业、城市农业及道路的绿化与美化）、“皮”（城市地表、建筑物、构筑物表面及道路等工程用地表面的软化与活化）、“口”（污染物排放口及其周边影响范围、缓冲区和处置设施还原净化功能的完善）、“脉络”（山形水系、风水、生态廊道及交通动脉的通达与活络）在内的生态要素的有机整合，才能为城市的生产、生活提供必要的生态系统服务。

城市生态基础设施建设作为城市所依赖的自然系统，城市及其居民持续获得自然生态服务的保障，其建设首先要遵循自然性、地域性、生态性三大原则进行详细的规划，同时将城市生态基础设施建设与城市总体规划有机结合，更好地发挥城市生态效益，解决当前城市生态环境问题。在生态基础设施建设时，不要崇洋媚外，不要盲目地照搬西方模式，要在了解中国的传统文化、风俗民情的基础上，创造出中国人喜好的生活环境和空间。真正的现代化并不意味着破坏自然、破坏生态，也不是钢筋水泥的高楼大厦，而是人与自然、人与文化的和谐统一。

而对于农村地区来说，在生态基础设施方面普遍还处于相当薄弱。具体而言，农村缺少污水收集处理、垃圾和废弃物收集处理系统。而随着农民消费水平的提升，生活污水和垃圾当中的化学物质、金属物质、非降解物质成分不断提高，不经处理直接排放的污水和四处堆放的垃圾对农村生态环境造成了日益沉重的压力。在一些农村地区，污水四溢、垃圾遍地、塑料袋农膜漫天飞舞，公共卫生状况不佳。而农村生态环境的恶化，既不利于实现新农村建设的目标，也不利于广大农村人口生活质量的改进，还可能进一步威胁农作物质量和农产品安全。因此，要规划建设农村生态基础设施，本着有所侧重，着眼长远，增加政府、社会资金投入，不断提高农村生态基础设施建设水平。

四、建设生态文明，提升新型城镇化质量的相关建议

城镇化建设和发展是一项长期的系统工程，要坚持城镇化建设可持续发展思想，因地制宜，采取正确措施引导和促进城镇化健康发展。运用生态文明建设理念解决好生态环境保护与建设协调发展的问题，积极稳妥地推进城镇

化，促进自然—人—社会复合生态系统和谐协调，共生共荣，共同发展。

（一）转变经济发展模式，积极发展生态生产力

生态文明观指导下的生态生产力，反对工业文明的资源侵略和生态殖民，强调人与自然的和谐协调。关于生态生产力的定义，生态生产力是指人类推动自然—人—社会复合体和谐协调、共生共荣、共同发展的能力。生态生产力的发展要求不以浪费资源和牺牲生态环境为代价，而是走资源节约型、环境友好型道路，以推动城镇社会、经济、自然复合体向健康、持续的方向发展。2010年“两会”政府工作报告中明确指出，要支持循环经济技术研发、示范推广和能力建设，积极发展循环经济和节能环保产业。

1. 发展循环经济，走资源节约型道路

与城镇化过程相伴随的是资源的大量需求，然而自然资源禀赋并不富足的国情决定了必须坚持资源开发与节约并举的生态可持续发展原则，走节约型的城镇化发展道路。发展循环经济，改变过去“资源—产品—废物”的线性模式，形成“资源—产品—再生资源”的物质反复循环流动的闭合循环模式。这不仅实现生产过程的废物零排放，而且资源的循环利用使得各项资源得到合理配置，实现社会经济和资源环境的协调发展，真正做到资源利用的区际公平和代际公平。

2. 优化产业结构，走环境友好型道路

积极推进传统产业的改组改造，清除结构性污染，使产业发展与环境建设相协调。中心城镇要逐步淘汰和转移资源利用率低下、环境污染和生态破坏严重等不符合城市功能定位的产业，积极发展那些污染少、能耗小的环境友好型产业，促进城镇的可持续发展，实现“低排放、高效益”的生态文明高级阶段。另外，还要重视产业结构单一的资源型城镇的可持续发展，采取相关措施和优惠政策，因地制宜发展接续产业和替代产业，促进形成新的增长点，最终实现生态效益、经济效益与社会效益的最优化。

（二）加大投入，加强生态环境基础设施建设

所谓投入包括两个方面的含义，其一是指物质方面的投入，即在环保设施的建设、环境的管理、生态系统的恢复等方面所投入的人力、物力和一切有形资本；另一方面是指对环境问题的关注程度，其主体既有城镇的管理

者、建设者，也包括居住在城镇中的居民，这种投入是一种无形的资本。一是只有“两手抓”且两手都要硬，才能有效改善和维护脆弱的城镇生态环境。城镇生态环境基础设施是城镇经济、社会、生态系统和谐发展的基本保障，是实现城镇化可持续发展目标的必然要求。二是只有把生态保护和环境治理工作摆上重要议事日程，加大加强城镇生态环境基础设施建设，才能从根本上摆脱“先污染后治理”的发展老路，解决好社会经济发展与生态环境之间的矛盾。

（三）科学规划，促进城镇相统一

城镇规划要体现应有的整体性和战略性。在规划中，必须重点强调资源、环境基础设施与城镇发展的总体协调，统筹安排城市各类用地及空间资源，综合部署各项建设，做到结构合理、功能完善、环境优美。

具体来讲，一个城镇的规划，要将节约和合理利用土地及空间资源这一基本原则贯彻于城镇规划、建设和管理的始终，使资源在更大范围内实现优化配置，产生“1+1>2”的效果；要加强对历史文化遗迹和自然风貌的保护，使古城的文化底蕴与现代文明相互融合、和谐共生。此外，在城市规划建设管理中，建立必要的责任追究制度、规划督察机制，保证规划的权威性和严肃性，防止城镇建设中的形式主义，促进城镇的可持续发展，实现经济、社会、人口、生态环境的统一协调发展。

（四）改变城镇建设模式，以可持续城镇化为主

城镇是以人为主体的人工生态系统，也是由社会—经济—自然三个子系统组成的复合系统。城镇化建设与发展要遵循复合生态系统运行规律，从根本上遏制冒进式城镇化和空间失控的态势，并解决由此带来的资源、环境和社会问题，走出一条资源节约和环境友好的新型发展道路。在生态文明观指导下探索可持续城镇化的发展模式是建设中国特色城镇化的重要实践途径。

构建科学合理的城镇空间格局是建设新型城镇的重要前提。党的十八大报告对美丽中国空间格局提出新要求，建设新型城镇空间格局可概括为三个空间，即“集约高效的生产空间”、“宜居适度的生活空间”、“山清水秀的生态空间”。

构建三个空间格局最重要的前提是，土地是发展最重要的资源，也是最大的瓶颈。必须珍惜并利用好每一寸土地，按照人口资源环境相均衡、经济社会生态效益相统一的原则，调整空间结构，按照主体功能定位发展。

生产空间要集约高效，就必须确立集约发展的理念，推进产业集聚，提高土地节约、集约利用水平。要靠人才、知识、服务和环境，加快发展低碳经济、循环经济、绿色产业，促进产业集群发展，并将土地单位面积GDP作为政绩导向。

生活空间要宜居适度，就必须建设规模适中的城市，并大力解决交通拥堵、空气灰霾、垃圾围城、水资源紧缺等“城市病”，杜绝城市无序扩张和人口过快增长的做法等，真正实现“城市让生活更美好”。

生态空间要山清水秀，所谓生态空间，是指具有重要生态功能，以提供生态产品和生态服务为主的区域。必须人为地或利用自然山水条件构筑生态安全屏障，并将人类活动对生态脆弱区的影响降到最低。

总之，“集约高效的生产空间”、“宜居适度的生活空间”、“山清水秀的生态空间”，三者是一个有机整体，互相依存、互相促进。要将生产生活空间控制在合理的范围之内，减少工业化、城镇化对耕地的过度占用，有效推进市镇协调发展，促进各种功能区的划分和功能作用的发挥。

（五）完善促进生态建设规划的法律和政策体系

借鉴各国关于生态建设规划的法律和政策的相关成功经验和做法，结合本地实际情况来完善生态建设规划的法律及政策基础。

1. 使管理机构的规划权责法定化

随着我国经济改革的不断深入，经济和社会关系的重构，行政制度的改革及社会公众意识的提升，如何加强城市规划的法定性，推进依法行政，规范行政许可制度受到社会各方的强烈关注。当前，我们可以借鉴发达国家的经验，使得规划权责逐步法定化。

美国的《特拉华河流域协定》规定：委员会应为本流域水资源的短期开发和长期开发制定综合规划并加以实施，并经常对其进行评价和修改。美国《上密西西比河管理法》（1986年）规定：上密西西比河流域管理协会是“国会指定的总体规划管理者”。

法国的《水域分类、管理和污染控制法》(1966年)规定：将全国江河分为6大流域，并在每条流域设立独立的管理机构——流域财务署，负责制定长远规划和水域管理。法国《水法》规定："水开发和管理的总体规划应当自本法律颁布起五年内，由一个有能力的流域委员会，根据地方行政首长协调本流域事务的建议进行起草。""由地方水委员会起草或修改的水开发和管理规划，应提交给有关的一般性和地区性的委员会以及流域委员会审阅。流域委员会将确保在其管辖权限内协调水开发和管理规划。""水开发和管理的总体规划应由流域委员会批准、行政机构认可。"开发规则的拟定单位大多经过了国家立法机构授权。规划本身也是经过立法机构讨论批准，大都具有法律效力，使规划具有特别法律地位与行政约束力。规定违反规划应承担的法律责任，包括违反规划的程序性责任与实体性责任；规划主体的编制者责任与执行者的行政责任；个人与行政主体的责任以及规划相对人的行政责任，等等。任何部门或地方的水利水电建设必须接受法定规则的统一指导。这些措施与规定有利于国家在对水能资源最充分、最合理的利用的同时加强水资源的保护。

《澳大利亚政府间环境协定》(1992年)规定：缔约方同意各级政府的环境政策和规划的制定和实施必须将"生态多样性和生态完整性的保护"成为一种最基本的考虑；它还将"风险预防原则"、"代际平等原则"、"保护生物多样性和生态完整性原则"和"改善评价、定价和刺激机制的原则"规定为政策制定和项目实施必须遵循的原则。

国外有的规划还具有造法功能。如《欧洲联盟条约》规定：在制定环境总体行动规划之后，理事会应视情况，采取实施这些规划所需的措施，即要求根据环境总体行动规划进一步制定实施总体规划所需要的包括条例、指令和决定在内的措施。

2. 政策环评的强制性

随着环保意识的逐渐深入，国人对"项目环评"、"规划环评"早已耳熟能详，但仅有"项目环评"、"规划环评"还远远不够，许多更大的环境问题需要在更高层次及大政策层面予以解决，所以我们应借鉴国外经验尽早立法实施"政策环评"。

美国《国家环境政策法》(1969年)规定:任何对人类环境产生重要影响的立法建议、政策及联邦机构所要确定的重要行动都要进行环境影响评价。并规定:"对人类环境质量具有重大影响的各项提案或法律草案、建议报告以及其他重大联邦行为,均应当由负责经办的官员提供一份包括下列事项的详细说明。"新西兰、荷兰、德国、法国、加拿大等国家也通过立法,在不同程度上要求对政府决策进行战略环境影响评价(SEA),确保规划环评的公正性。环境保护做得比较好的国家,一般都有权威机构负责环评及对一些相关争议作出最终裁决的组织。如在美国的"全国环境和制定计划管理机构"(NEPA)中,以法定的形式专门设立了一个直接对总统负责的环境质量委员会(CEQ),以监督该法的实施并裁决评价过程中部门间的争议。

3. 公众参与的法制保障

确立公众参与规划是一种重要的民主权利。世界《21世纪议程》特别强调加强个人、团体和非政府自治在履行已商定的计划中的作用,认为"要实现可持续发展,基本的先决条件之一是公众的广泛参与决策"。完善民事诉讼与行政诉讼主体的设定。欧盟为了保障欧盟环境法的实施,规定公民可以提起司法诉讼。印度联邦政府早在1997年就成立的准司法机构——国家环境问题上诉庭(NEAA),其职责是专门受理那些在环保方面已经获得联邦政府的批准,但仍有人持反对意见并提出上诉的工程案例,为实施规划生态目标在执法上提供组织保障。在加拿大,作为社会监督的一种形式的环境上诉委员会,其职责是针对开发建设活动对环境影响进行监督,接受破坏和影响环境方面的诉讼(与向法院诉讼有所区别),并进行调查、取证和调解。

(六)加强生态文明普及工作,建设生态文化

生态文化是文化的创新,它倡导人与自然、人与人、人与社会的和谐相处,倡导可持续发展的生产方式和健康、合理的生活方式。建设生态文化是一项庞大的、复杂的系统工程。一要保护好城镇的历史文化遗产,让人们从中吸取生态文明的精华;二要倡导生态文明价值观、伦理观,激发人们自觉尊重自然、保护自然的生态意识;三要加强生态文明观的教育,在城镇的社区中开展生态文明建设意义的教育,提高人们对生态环境恶化的危机感,增强人们建设绿色家园的责任感。

（七）以民生改善为本作为新型城镇化质量明显提高的标志

党的十八大要求，到2020年“城镇化质量明显提高”。那么，走一条什么样的推进城镇化道路才能实现这一目标？从根本上讲，城镇化不是简单的人口比例增加和城市面积的扩张，也不能把城镇化片面地作为经济增长的引擎，更重要的是实现产业结构、就业方式、人居环境、社会保障等由“乡”到“城”的转变，也就是说城镇化的过程要使市民、农民富裕起来。

为此，必须逐步改变传统的增长导向型城镇化，以民生改善为根本目的，不单纯追求城镇化的速度，更要关注城镇化进程中提高人的素质和生活质量。从维护社会公平正义要求出发，要完善土地征用制度，让农民能够凭借土地权利参与并分享城镇化的利益，大幅提高进城农民的就业竞争力，构建完善的社会保障体系，从根本上解决进城农民的后顾之忧。

要彻底扭转重物不重人的情况，政府要通过构建公平的社会秩序和发展环境，给所有人提供公平的公共服务和发展机会，让居民最大限度、低成本地参与到经济发展过程中，让城镇化与经济发展相呼应，与人民生活改善相联系。城镇规划要有强烈的民本意识，必须确保有足够容量的道路、给排水、学校、幼儿园、医院等设施，有更多的绿地、公园等公共休息活动空间，给广大居民以归属感、幸福感，让广大居民全面分享城镇化的成果。

思考题：

1. 如何理解生态文明建设与推进城乡一体化之间的内在联系？

2. 截至目前常熟城镇化及生态文明建设方面取得了哪些成就？

3. 常熟市以生态文明建设助推新型城镇化有何理论依据及政策支持？

4. “十二五”期间，常熟市以生态文明理念提升新型城镇化质量面临哪些难点？如何破解？

后 记

今年4月，苏州市委党校在昆山召开会议，随后又下发文件，组织编写全市党校系统干部教育系列读本。常熟市委党校承担了《现代化进程中的常熟城乡发展一体化研究》的课题编写。经过全体编写人员的共同努力，本书现终与广大读者见面。

为编写好本书，常熟市委党校成立了由唐晓、杨建煜、周军、陈云水、徐正挺、王丽萍、谢建刚、邵镭、沈莉、张晨洪、陆宏、庄莉莉、王文权等13人组成的编委会。在唐晓主持下，陈云水拟定了编写提纲，经编委会多次讨论，并报苏州市委党校最终确定。随后分头撰写相关章节，其中，第一部分内容由陈云水、沈莉负责撰写，第二部分内容由张晨洪负责撰写，第三部分内容由邵镭负责撰写，第四部分内容由王丽萍负责撰写，第五部分内容由谢建刚、王文权负责撰写，第六部分内容由徐正挺负责撰写，第七部分内容由庄莉莉负责撰写，第八部分内容由陆宏负责撰写，编委会对初稿多次进行讨论修改，最后由陈云水、沈莉进行统编、校对，最终完成定稿。

在本书写作过程中，得到了苏州市委党校的悉心指导和帮助，特别是潘福能副教育长对本书内容的确定、写作思路及要求提出了许多有益的建议和意见，使本书能够顺利编写完成并最终出版。

本书编写历时半年，其间得到了常熟市委农办、市农委、市规划局、市城乡一体化建设办公室等部门的大力支持，特别是市城乡一体化建设办公室黄培君主任亲自到常熟市委党校授课，使本书内容更能反映常熟市城乡一体化建设发展的具体实际。值此本书付印之际，谨向所有关心和支持本书各方面工作的领导、专家和同志，致以衷心的感谢。同时，本书在编写过程中，参考并引用了有关方面的一些调研成果，限于篇幅，恕不一一注明出处，敬请见谅。

由于参与本书编写的同志理论水平和实际工作经验方面的不足，加上各人阐述角度不同，书中难免存在一些重复或遗漏之处，恳请广大读者批评指正。

本书编委会

2013年12月